群馬のパイオニアVS柴崎龍吾

うすい学園　代表

ラジオ&トーク
職業人インタビュー／次世代で輝くための対談集

上毛新聞社

まえがき

このインタビュー集は、二〇一五年から二〇一九年の間、ラジオ・雑誌で私が群馬に関わりのある人たちにインタビューした話をまとめたものである。今、子どもたちは大人になることを怖がっている。親もまた、自分の息子、娘が社会に出ることに不安を感じている。そんな中で、「社会に出て働くことは、楽しいことなんだよ」ということを伝えたくて、「私が知っているイキイキしている人」、また、「あの人面白いよ」と知人から推薦された人を中心に人選した。

インタビューして、いつも思っていたのは、「みんな明るいな」「よく笑うな」ということだ。録音でマイクが外れるほどよく笑う人もいたし、辛い時のことを思い出して涙ぐむ人もいた。しかし、みんな明るく、修業時代のことも楽しんでいたように感じた。

もともと知り合いの人もいるし、全く初対面の人もいる。振り返ってみると、何かをやろうと前向きに向かっている人たちばかりである。そして、なぜか、この対談の後にブレイクした人が多い。例えば巻頭の豊竹呂太夫氏は、対談の二年後、豊竹英太夫から名跡の豊竹呂太夫を襲名し、今やユネスコ世界遺産文楽の中心太夫としてがんばっていらっしゃる。

シネマテークたかさきの志尾さん、山名八幡宮の高井さん、パリ・ドートンヌの川村さん、景勝軒の櫻岡さんなど、ここに多すぎて挙げられないが、その後の活躍ぶりは群馬県内では知らない人がいないほどである。

巻頭の豊竹呂太夫だけが、群馬とは関係が薄い人である。実は若い頃の私の文章の師である若城希伊子と呂太夫の師の故竹本越路太夫夫妻が知り合いであるという縁から、私の会社の四十周年記念社員祝賀会に文楽の出張公演として無理にお呼びしたことから実現した対談である。

今、地方は人口減少で、街は危機的状況にある。今回のインタビューは、地方で、東京に行かず踏みとどまり、何とか地方を活性化しようとする人たちへの応援歌という面も意図している。企業人やオーナーシェフなど、飲食関連の人が多いのもそのためである。本書を読んで、何か力付けられることがあれば幸いである。

令和二年一月二十日

株式会社うすい　代表取締役　柴崎　龍吾

もくじ

群馬のパイオニアvs柴崎龍吾

ラジオ＆トーク
職業人インタビュー

次世代で輝くための対談集

巻頭
インタビュー

日本人なら古典芸能の一つは押さえておきたい

人形浄瑠璃文楽の太夫であった祖父の死がきっかけで文楽の世界へ。太夫になってからの海外公演では、日本の古典芸能が高く評価されていることを知った。いくら修業しても終わりのない芸の世界。喉を楽器にするのに20年。若手が引き継いでくれることを期待しつつ、舞台の演出家でもある太夫として、生涯現役を貫いていく……。

文楽
義太夫豊竹呂太夫《とよたけろだゆう》師

プロフィール

1947年大阪生まれ。10世豊竹若太夫の孫。1967年、3世竹本春子太夫に入門、英太夫を名乗る。翌年4月、大阪毎日ホール、「増補大江山」（戻橋）の左源太で初舞台。1969年7月、竹本越路太夫の門下となる。

1971年、国立劇場奨励賞、78年、文楽協会賞。94年、第13回国立劇場文楽賞奨励賞を受賞。

2017年4月、祖父で人間国宝だった10代豊竹若太夫の前名を継ぎ、6代豊竹呂太夫を襲名した。

■日本人として古典芸能の一つは押さえておきたい

柴崎　私は若い頃、呂太夫さんの師匠の故竹本越路太夫の引退興行までの10年間、東京公演は全て見ています。
呂太夫　いろいろなご縁もあり、感謝しております。
柴崎　大ファンでして……。うちの若い社員が文楽のことを知りませんでしたので、今日はわざわざ来ていただいて体験してもらう次第です。若い人が文楽を見る機会は少ないので、大阪であっても東京であっても、機会があればまた連れて行って拝見したいと思っています。
呂太夫　やはり、日本人として古典芸能の歌舞伎とか文楽とか能とか、一つは押さえておきたいですね。私は海外公演で十数カ国に伺っていますが、現地の大使館や公使館でパーティーがあって、大使や公使、その夫人、大統領や政府高官夫人などがみえられますが、意外にも文楽についてご存知で、質問もたくさんされるのです。むしろ、日本人の方で知らない人が多いくらいです。
柴崎　橋下徹元大阪市長の助成金カット騒動（2015年5月）を思い出しますね。
呂太夫　「文楽は敷居が高くて」と橋下さんが言ったら、人間国宝の竹本住太夫さんが「敷居を低うしてお待ちします」と……。結局、橋下さんは「後進の指導を頑張ってください」と言いつつ、助成金撤廃を決めました。
　人間は、頭が良いのと教養があるのとは別物なのですね。頭脳明晰で難関大学に入ったというのと教養はまた別の物です。ところが、海外に行くと向こうの人たちの中には案外両方を兼ね備えた方がおられる。
柴崎　直接、日本の方に確認したことがあるのですか？
呂太夫　日本人の外交官のご夫人方の中で、私が聞いたら文楽を見た経験のある方が一人だけおられて、その方が現地の方からとてもリスペクトされるのですよ。中身がどうのこうのではなく、文楽を見た体験談を話すだけで、面目躍如、まさに鼻高々なのです。
　やはり、海外では、文楽や歌舞伎がクラシックやバレエと同レベルで、高い教養の一つに見られているのですから……。日本文化として何かしら経験しておけば海外に行っても恥ずかしくないし、プラスになると思います。先生の今回の企画もその意味で素晴らしいと私は思っています。
柴崎　ありがとうございます。私たちはそのことを子どもたちに伝える義務がありますが、どうやって伝えるかが今後の課題ですね。

■本当は小説家になりたかった

柴崎　なかなか群馬にいると、文楽にはなじみが薄いものです。でも、確か亡くなられた先代の豊竹呂太夫さんは群馬県出身でしたか？
呂太夫　はい、群馬県前橋市の出身です。トップクラスにおられた方ですので、もったいないし早過ぎましたね。
柴崎　群馬県から文楽の名人が出たと私は喜んでいましたが、そのピークの時に亡くなられた……残念です。呂太夫さんはずっと義太夫をやってこられて、他の仕事をされたことはないのですか？

呂太夫　浪人している時に太夫だった祖父が亡くなって、それで呂太夫さんから「お前が太夫になれ」と言われて、でも当時、文楽は流行っていなくて（笑）……。今では東京の国立劇場でも大阪でも土日などチケットがとれないほどの人気です。当時はもったいないですよ、名人がたくさんいたのに客席がガラガラでしたから。夜の部なんか見たら「これは将来性がないな」とか思いました（笑）。でも、先代の呂太夫さんが「やりなさい」と繰り返し言うものですから、この道に入りました。

　私は大阪生まれですが、東大を目指して東京の小石川高校に入ったのです。当時の名門高校で、祖父も驚いていました……。

柴崎　都立高校の名門ですね。それは意外な事実です（笑）。人生意外なところで分岐点がありますね。

呂太夫　当時は学年の半分くらいが東大へ進学していましたし、一橋大とか早稲田大・慶應大はごく普通に合格していました。私は小説家になりたかったので、勉強に身が入っていませんでしたが。

　先代呂太夫さんに言われて大阪に戻って太夫になりましたが、ひょっとして、文楽の世界も小説のネタとして使えるかもしれないという、不純な

動機もありましたね（笑）。

柴崎　それは……今では笑い話ですが（笑）、十代後半の青春時代だから、気持ちの上では大変だったでしょうね。

呂太夫　ちょうど20歳でしたが、以前は14～16歳からの入門でした。たいがい昔は親が子どもの仕事を決めていました。今は自分で決める時代ですが、少なくとも高校は出ておかなきゃいけませんね。

■喉を楽器にするのに20年の修業……

柴崎　一人前になるにはどれくらい修業しないといけないですか？

太夫として舞台に上がって聞けるようになるのはいつ頃でしたか？

呂太夫　文楽には人形と三味線という道具があります。その扱いについて申し上げると、人形が出てくればそれがお姫様、侍、そして子ども、おばあさんだと分かりますよね？　もちろん遣い方のうまい下手はありますが。三味線であれば3～4年でなんとかそれらしくベンベンと音が鳴るようになります。しかし、太夫は、喉に楽器を作るのに20年かかるのです。

柴崎　分かりやすい説明ですね。でも、この間は山あり谷ありだったのでしょうね？

呂太夫　私は芸的にはなんとかいけるのかなとは思っていましたが、師匠のところに住み込んでの修業が辛くて大変でしたね。何度辞めようかと……。でも私は運が良くて、辞めようかと思ったら弟弟子が入ってきて、全部やってくれたりして、人生、こういう運も必要なのでしょうね（笑）。しばらくは小説を書いて応募していましたが、文学界とか文藝とか第一次選考にも通らないので、こちらの夢は諦めました（笑）。

柴崎　それはもったいない……。何年くらい挑戦していましたか？

呂太夫　40歳くらいまで書いていました。向き不向きもあるし、難しいものですね、小説というのは。文楽も還暦くらいになってからようやく一人前というか、やっていけるかなと思えるようになりましたね。それで私は70歳でまたスパートしようかなって思っていますよ（笑）。

柴崎　それはいいですねえ。70歳になってから、キレのいい語りになっている方もおられますからね。嶋太夫さんは、83歳という最高齢で人間国宝になっていますし、それくらい時間のかかるお仕事だということですね。

■演出家でもある太夫

柴崎　嶋太夫さんには、私の師匠が踊りを書いた時に語ってもらったことがあるのです。吉村雄輝園《ゆきその》さんはお元気ですか？

呂太夫　はい、元気です。そうなのですね、嶋太夫さんが語りで雄輝園さんとご一緒されたのですね。

柴崎　あれを書いた時に、私もずっと舞台でご一緒したのですが、怖いも

の知らずだったので駄目出しとかしたことがあるのですよ。でも生意気なことを言ったのに、嶋太夫さんがちゃんと聞いてくれて、あれは驚きました。私なんて当時まだ若造でしたから、こういう人たちが芸の世界にはいるのだとびっくりしました。

そういえば、舞台で語っていらっしゃる時には周りは見えているのですか？人形は見えていないのですよね？

呂太夫　人形は見えていませんね、客席側ですから。しかし、なんとなくタイミングでちょっとだけ見える時ができます。次のしぐさに入るちょっとした間の時ですかね。そこで、ちらっと見るわけです。

柴崎　三味線が出て太夫が語って、その後から人形のしぐさがついてくる感じですか？

呂太夫　そうですね、その意味でも太夫が文楽の全てを取り仕切る演出家でもあるわけです。

柴崎　そういうものは、いわゆる「阿吽《あうん》の呼吸」というものですね。お稽古はどうされているのですか？

呂太夫　そうですね、もう大体スタイルが決まっていますからね。ただ、新作の時なんかは2～3回は稽古します。古典の場合は決

まっているので稽古無しでもできます。前もって録画したビデオを見て、舞台ではこういう形だなと確認して頭に入れておくことはあります。

■終わりのない芸の道

柴崎　師匠と弟子との関係で質問ですが、太夫の稽古の時に、師匠は弟子にどんなことを言うのですか？　感情のことを言うのですか？　それとも語りについて指導するのですか？

呂太夫　両方ですね。私も越路師匠に稽古をつけてもらいましたが、節回しの上げ下げとか間とか、結構型が決まっていますから、それを教えてもらいました。師匠が一対一で節回しとか言葉遣いとか教えてくれるのです。

柴崎　型が代々伝わってきたのですね。その人なりのものというのはないのですか？

呂太夫　それはあります。昔からのものを踏襲しながら、その人なりの独創的なものがあります。芸のスタイルとか。ただし、大まかなものは決まっていて、自分の型をつくるのですが、私の場合は50年やってまだ決まっていません。まだまだです（笑）。

柴崎　以前、テレビで拝見したのですが、竹本越路太夫さんが住太夫さんにしていた稽古が結構厳しいものでした。

呂太夫　厳しいというか「鋭い」という表現が当てはまりますね。鋭いということが厳しいにつながるのでしょうね。

■若手の養成事業

柴崎　もし若い人たちが文楽をやりたいと言ったら、どうですか？

呂太夫　大歓迎ですよ（笑）、国立劇場の研修生も2年ごとに受け入れています（独立行政法人日本藝術文化振興会の養成事業。文楽と歌舞伎）。文楽に興味があれば、ぜひ若い人に入ってほしいです。確か、研修生は月に10万円は支給されますから。そういうものをいただけて、私なんかが指導するわけですから。

柴崎　それは最高の待遇ですね!!

呂太夫　ただし、途中で辞めたら支給された分は返さないといけないのです（笑）。最低3年間やらないと駄目なのです。1年か2年目に適性試験があり、それで向き不向きの見切りをつけておくべきです。好き嫌いだけではなくてね。

柴崎　応募は結構ありますか？

呂太夫　まあ、ぼちぼちです（笑）。

■芸の力で観客にイマジネーションを湧かせる

柴崎　研修の指導で一番人気なのは人形遣いさんですか？

呂太夫　人形志望者が多いですね。本当は、太夫・三味線・人形の順なのですが。
柴崎　太夫の良さって若い時には分からないのでしょうね。
呂太夫　テレビや客席から見ているのは人形ですから。
柴崎　そうか、最初に見ているのは主に人形なのですね。そして次第に太大の動き、その一挙手一投足を見るようになり、素浄瑠璃もあるのだと……。人形がなくてもこれほど面白いと分かっていく。
呂太夫　はい、自分のイマジネーションが湧いていくのですが、それはやはり師匠の芸の力なのだと思います。
柴崎　私も素浄瑠璃のチケットをもらって見に行ったのですが、人形がなくてがっかりだなと心配していたのですよ…。でも、面白かった。
呂太夫　例えが適切か分かりませんが、うどんでいえば素浄瑠璃は素うどんです。蕎麦《そば》でいえばかけそば。なにも余計なものがないけど、それだけでおいしい。でも、それが芸の中では一番怖い。
柴崎　ごまかしが利かないからですね。
呂太夫　なんでも素の部分というか基本が大事とも言えます。
柴崎　本日は本当に貴重なお話をありがとうございました。

Vol.1

海外体験を生かした旅館経営とは？

英国のホテルで働いた経験を生かして実家の旅館を改革しようとしたが、スタッフから総スカン。修業先で実家の食中毒の危機を聞いて戻り、今度は本気の改革で旅館を立て直した松本さん。山あり谷ありだが、旅館の女将は楽しい仕事。日々刺激を受けて、改善するたび、お客さまが増えるたびに笑顔がこぼれる毎日。

ホテル松本楼

HP[http://www.matsumotoro.com]

松本《まつもと》　由起《ゆき》氏

プロフィール

群馬県渋川市伊香保町に生まれる。産業能率大学を卒業して英国に語学留学し、そのまま、名門ホテルで働き帰国。25歳で松本楼の若女将となった。その後は山あり谷ありを経て、女将となり、英国での経験を生かした宿づくりにも挑戦している。『伊香保おかめ本舗』のメンバーとして伊香保温泉の活性化に貢献。

■女将になりたくて仕方がなかった

柴崎　どのような経緯で旅館を継いで「若女将」になられたのですか？
松本　うちの父と母が旅館を経営しており、楽しそうに仕事をしている姿を幼い時から見ていて、女将になりたいと小学校３年生の頃から思っていました。妹も旅館を継ぎたいと言ったので、妹と二人でどちらが女将になるかけんかまでしていました。二人ともなりたかったのです。親は娘の前では楽しそうに働く姿を見せて、旅館の継承につなげたかったのかもしれません。
柴崎　確信犯？　それでけんかに勝ってお姉さんが継いだってわけですね（笑）？
松本　いえ、じゃんけんです（笑）。妹は手に職を付けて生きていくために、外科のお医者さんになりました。結果的に母のマインドコントロールで、いえ、母のお陰で、姉妹それぞれ好きな仕事が今やれているように思います。
柴崎　大学では何を専攻していたのですか？
松本　経営学です。ちょうどバブルの終わり頃で就活が大変で、いっそ海外でも見ておいた方がいいかもしれないと考えて、大学を卒業してすぐに英国に留学しました。英語の勉強のための語学留学で行ったのですが、現地で「英語を学んで、将来はどうしたいの？」と聞かれ、答えられませんでした。英国では目的意識が大事だと痛感させられて、そこから、「旅館を継承するために英国のホテル業を学ぼう」と考え直して、語学学校の先生の紹介によりロンドンのホテルで働かせてもらうことになりました。

８２６室もある大きなホテルで1年半勤めました。そろそろ帰国しようかと思い始めた頃に両親も泊まりにきたのですが、一緒に旅行したコッツワルドのホテルに感動して、今度はそこでさらに半年働かせてもらいました。本当にすてきなホテルで「こんな宿泊施設をつくりたいなあ」と思いました。

柴崎　さあ、それで帰国して、親の旅館に勤めました……が、どうなりました？　自分の理想とする宿泊施設を目指すことができましたか？

松本　若気の至りといいますか、英国仕込みといいますか、根回し無しではっきりとモノを言い過ぎて皆さんに引かれてしまったのです。まさに「はねっ返り娘」ですね。旅館のスタッフと合わないことが多かったです。

柴崎　それで26歳の時に外の旅館に修業に出られたのですね？

松本　はい、福島の旅館に修業に行きましたが、1カ月ほどして親の旅館が食中毒で大ピンチに陥りました。そんな時に親から「いつもイギリスから手紙に書いていた自分の理想の旅館を建ててみろ。そしてお前の思う通りに経営してみろ」と言われて、修業を切り上げて実家に戻り、自ら採用面接をしたり、スタッフと協力しながら苦境脱出を図ったりして、目標５０００万円の新ホテルの売り上げをまず８０００万円にして、4年で1億円の売り上げまでにしました。その時、やはり国内での成功体験も大切だと実感しました。

柴崎　英国と日本の宿泊業ってそんなに違いますか？

松本　英国のホテルと日本の旅館で比べますと、英国では仕事が分業化というか細分化ができていて、コンシェルジュみたいな役割をする人もいますが、日本では女性の仲居さんがほとんど全て各部屋の担当をしていて、それがいわゆる日本的な「おもてなし」なのです。これほど女性が仕事上で認められている職業は世界でも珍しいと私は思っています。

柴崎　なるほど、女将さん自身の個性を前面に出してお客さまと正面から堂々と向き合える仕事なのですねえ。女将と一口にいっても、いろいろな仕事がありますよね。

松本　役者であり経営者であり、マネジャーでもあり、プロデューサーでもあると思います。全体を細々と見て改善し、外からいろいろと学んだりして取り入れて……。ですから、いろんな職業の方が泊まりに来られると、お話しするたびに勉強になります。

柴崎　素晴らしい考え方だ!!

■「社員の応援者」として

柴崎　若い人の教育は難しいでしょう？

松本　やはり、経営者が伸びなければ、従業員も伸びていきません。だからこそ、自分が学ぶことを大切にし、どうやったら従業員を幸せにできるか、松本楼で働いて良かったと思ってもらえるか考えるようにしています。従業員の満足度がお客さまの満足度ですから。そして、旅館という仕事の素晴らしさを伝えるようにしています。和食やお花、着物、四季など、こんなに日本の伝統文化が残っている仕事は少ないですから。

柴崎　日々改善していきつつ、人も旅館も質を高めるということですね。

松本　女将とはとにかく何でも屋で、母と分担して取り組んでいますが、終わりはなくずっと続くのでしょうね。

柴崎　教育も同様で、これで完成、ということはないです。私たちの仕事も日々改善です。未来はＡＩが発達して、人間の役割もずいぶん変わってくると思います。

どんな未来になっても、自分で考えて行動できる人を育てるのが教育の役目だと思っています。

松本　プラス志向だと良いのですね。私は社員も自分の子どもだと思うようにして接しています。

柴崎　そういう気持ちに応えてちゃんと働いてくれるというのも大きいですね。

松本　そうですね、「想いが人を決める」と言ってもいいのでしょうね。先生のお話を聞いて、これからもっと若い人たちに努力させたいと思いました。そうすれば将来自分で伸びていくでしょうから。

Vol.2

人材はダイヤモンドの原石

ブライダルとレストランを展開するスワングループは創業55周年。レストランでの披露宴と教会結婚式を組み合わせたブライダルを女性目線で提案。競争が激しいブライダルと飲食業界で生き残るためには、ダイヤモンドの原石である人材育成が不可欠と語る。

株式会社レストランスワン
HP[http://www.swanweb.co.jp]
作能《さくのう》小百合《さゆり》氏

プロフィール

前橋女子高校から立教大学文学部日本文学科卒。株式会社レストラン　スワン　代表取締役副社長。前橋市在住。OLを８年やり、飲食業へ。入社当時から現在までスワングループ全店の広告・広報・企画・制作・人事を担当。ウエディング、パーティー、レストラン、ケータリングなどの４つの事業を柱に、ヨーロッパの文化を伝えることを使命としている。

■半世紀続くブライダルのポリシーとは？

柴崎　もう何年目になりますか？
作能　50周年を迎えました。
柴崎　うちが創立44年ですから少し年上ってことですね（笑）。今はブライダルが主体ですか？
作能　創立当時、群馬には結婚式場が少なく、そもそも結婚式を挙げることが稀なくらいでした。現在の社長がそこに目を付けて、披露宴をするレストランと教会結婚式をセットにできる施設をつくったのです。レストランウエディングとか教会結婚式などいろいろと工夫をして、スタイルも時代に合わせた予算と内容で改善されて今に至っています。建物も海外から取り寄せた資材・家具を使い、英国式のものにして、いわゆるスワン式のブライダルを守ってきたのです。

■少子高齢化でも再婚は増え続けている……

柴崎　作能さんは、元々はどういった仕事をしていて、この仕事を受け継いだのですか？
作能　舞台の世界にいたり、ＯＬを8年やったりしたのですが、あるきっかけでいきなり外から役員で入り、当初は周囲の反発が強かったので実績をつくらなくてはという思いもありました。
柴崎　業態を変えようとは思いませんでしたか？
作能　私も社員も結婚式、食事やパーティーが好きで、それに携わりたくてこの会社におりますので、結婚式という舞台を用意するという核は変えないようにしました。

柴崎　これからますます少子化&高齢化でブライダル業界も大変なのではないですか？

作能　確かに人口が急減してブライダル業界の市場規模も縮小傾向だといわれていますが、実は再婚は増え続けているのです。

柴崎　えっ?!　再婚率が高いのですか??　そうか、初婚だけじゃなくて再婚や再々婚とか何度も結婚する人が多いってことか……。

作能　何度も結婚してほしいとは思っていませんが（笑）、いかに満足していただける結婚式をご用意できるかが勝負だと思っています。イベントとしての結婚式だけではなく、披露宴の食事も含めて質を高めていく必要があると思います。

■新しい人材は「ダイヤモンドの原石」

柴崎　人材の採用と育成についてはいかがですか？　社員教育とか結構大変そうですね。

作能　人材は「ダイヤモンドの原石」が入社すると思って期待しています。新卒だけではなく東京から群馬に戻ってくるUターンの方、つまり転職者も採用するようにしています。グループディスカッションやコンペティション、その後反省会もしてもらいます。たとえ落ちても楽しかった、応募して良かったと思ってもらえるように努力しています。社員にならなくてもお客さまとして来ていただきたいという思いからです。

■現場でお客さまに育ててもらいたい

柴崎　そのような採用過程において最も注目しているところはどこですか？

作能　反省会とか作文ですね。こちらが設定したものを経てどれだけ人間的な成長につながったのかを大切にしています。参加型の試験といいますか、経験することでレベルアップしてくれたらいいなと思っています。

柴崎　採用後の研修も同じような内容が含まれているのですか？　結構長い期間社員研修をしています？

作能　研修期間はそれほど長くありません。やはり現場で「サービスステージ」を体験して積み重ねることが大事です。お客さま抜きでの研修は薄くなりがちなのです。身勝手な言い方かもしれませんが、現場でお客さまに育ててもらい教えてもらうことで、必要なものを吸収して人は成長するのだと思っています。

柴崎　なるほど、塾も同じですね。生徒が先生の研修担当者といえます。生徒の変化や成長によって先生が改善

されれば人間的にも指導者としても成長できますね。
作能　「生徒が先生の研修担当者」!!　その通りですね。

■「本当の高み」を見たい!!

柴崎　作能さんの夢って何でしょうか？
作能　サービスのクオリティーを高めたいということです。現在もサービスレベルは悪くないと思いますが、上には上がいます。一つ一つレベルアップしてその先にある「本当の高み」みたいなものを見たいと思っています。
柴崎　全国展開とか海外展開とか考えていらっしゃいますか？
作能　いえ、今はないです。
　群馬県にどっしりと腰を据えて、これまでの半世紀の恩返しをすることの方が大事だと思っています。群馬でNo.1であり続けること、群馬のサービスレベルを上げることが目標です。
柴崎　レストラン展開について教えてください。

作能　今は大きなものが7店舗です。それぞれ違うコンセプトと店名でやっています。フレンチやイタリアン、そしてスパニッシュに欧州料理全般で、前橋市中心で今後は高崎市にも出店する予定です。全てのお店が違いますので運営は大変ですが、一つ一つに対してプロモーションを重視し、シェフの持ち味とかスタッフの力を出させて商品のクオリティーを高めています。シェフをはじめスタッフの働きをリスペクトし、彼らのやりたいことをやってもらいます。ただスワンスピリットは忘れないように統一しています。

柴崎　どんなお店でありたいですか？

作能　記念日だったらスワングループの店、大切な日に安心して食事してゆったりと過ごせる、そんなお店でありたいですね。全体で１５０人ほどのスタッフがいますが、仲間意識も高く社内結婚の率も高いのが自慢です。上が抜ければ若手を抜擢して活躍してもらうのも頼もしいです。

柴崎　私も記念日にまた利用したいです。

Vol.3

変人は努力すれば賢人になる

両親を亡くして苦労した少年時代を経て、大好きな食の世界で修業し、才能を花開かせた新井氏。おいしいものを作ってお客さまに出すだけでなく、若い料理人の育成や食文化の伝道師として社会貢献したいという気持ちが強い。その思いの原点とこれからの生き方について、新井氏は料理人という視点で語った。

WABI やまどり

HP[https://www.wabi-yamadori.com]

新井《あらい》　茂《しげる》氏

プロフィール

両親を亡くして養護施設に入り、園長先生の紹介で飲食業へ。埼玉や横浜の和食部門で研さんを積み、レストラン六本木ヒルズクラブ「京懐石・温石」で３年副料理長として経験を積む。2007年、伊香保温泉 福一の別邸「奥伊香保 旅邸 諧暢楼」の料理長に就任。2010年、駐アゼルバイジャン日本大使館の料理長に就任。2012年、帰国後、京都茶懐石サロン「不老庵」料理長を経て、群馬県谷川温泉の「別邸仙寿庵」の料理長に就任。その後独立して、今に至る。

■ポジティブ志向で突き進んできた

柴崎　新井さんは、どのような経緯で料理人になったのですか？
新井　両親が亡くなりまして、養護施設に入所しました。とにかく食べることが大好きで、それで卒園の際に園長先生の紹介で埼玉県の東松山市にある和食店に入りました。卒園生の先輩に当たる方が料理長をしていたご縁です。
柴崎　その後はどのような生活でしたか？
新井　料理の修業としてお店を転々としました。うどん屋では出汁の取り方や原材料を、その他鰻屋とか天ぷら屋など、海外も含めあらゆる地域であらゆる食べ物について学びました。
柴崎　結局、新井さんは15歳で料理の世界に入って45歳まで約30年間も続けてこられたわけですが、つらいこととかたくさんあったのではないですか？
新井　当時はつらかったのかもしれませんが、今思い返すとそうでもなかったかな、と。自分で言うのも変かもしれませんが、結構ポジティブ志向だと思います（笑）。ハングリー精神が旺盛なのかもしれませんね。

■海外の大使館やホテル、料理旅館などで貴重な経験

柴崎　最も影響を受けた料理とか店はどんなものがありますか？
新井　ベイシェラトンの和食ですね、自腹で3万円払って食べましたが、「ああ、こんな世界も

あるのだ」と驚きました。また、六本木ヒルズでシェフをしている方に「今までの考え方は捨てろ」と言われました。料理だけでなく目に見えない奥の世界、仏教やお花など、そういうことまで勉強して初めて日本料理が確立するということに気付かされました。目からウロコでしたね。また、海外でも働いてみたいと思い、アゼルバイジャン共和国の大使館に2年いました。毎日の大使ご夫妻のお料理、大統領や政府機関などの接待、現地の会食パーティーなど幅広い仕事をしました。日本人は私1人であとは現地のスタッフと作るのですが、和食の指示を英語で出します。言語と文化の違いを乗り越え、和食を伝えること、日本の良さを伝えることができたのはとても良い経験になりました。

柴崎　海外の大使館で違う意味の修業を積まれたのですね。

新井　めったにできないことであり、私にとって貴重な体験ですね。その前後で、人のツテもあり谷川温泉や伊香保温泉の1泊10万円するような料理旅館で働いたこともありますし、若さに臆さず積極的にチャレンジしました。

柴崎　好奇心旺盛で仕事も場所も選ばずいろんな経験をされて今のやまどりがあるのですね。

新井　料理も毎月メニューを変えていますが、夢の中でできることもあれば、悩みながら作るものもあり、楽しんでいます。いろいろと試して作るのが大好きです。ジャンルは問わずに食べ歩いたこともプラスになっています。デートの食事で味の分析に夢中になり、妻に叱られたことも度々あります。

■自分を超えていく人を育てたい

柴崎　そんな新井さんがどうして高崎にたどり着いたのですか？

新井　私の料理をいろんなところで食べていただいていたホテルの社長さんが、私のファンでいてくださって群馬県の方だったのです。その方からホテルでレストランをやらないかとお声かけがありました。あとは妻の実家が群馬というのもありますね。群馬県の食材を使った料理を発信できる店にしたいという気持ちで、県鳥でもある山鳥も生産者の方にお願いして使わせていただいています。

柴崎　もう開店して何年ですか？　最近予約がなかなか取れないくらい忙しそうですし、人材研修とか大変ですね？

新井　もう7年が経ちますね。あっという間でした……。特に1年目は大変でしたが、最近はお陰さまで予約をいただいています。

　料理でこちらの思いをお客さまに伝えることは難しいですが、とにかく地道にやっていくしかありません。従業員は12人いますが、コミュニケーションを大事にしており、思いを

形にしていくため非常に厳しい研修や指導を行っています。そうしないと他所に行った時に評価をいただけないからです。皆さんにプロとして向上してほしいしお客さまを大切にして心を込めたサービスが自然にできるように指導に取り組んでいます。松下幸之助氏の言葉を引用すると「自分を超える人を育てていく」べきでありますし、何よりの喜びですね。

■変人は努力すれば賢人になる

柴崎　これから取り組んでみたいことは何かありますか？

新井　和食の文化を伝える講師、いえ「伝道師」になりたいですね。給食で和食が出ると子どもが残したりしますが、もう一度和食の良さとおいしさを母親たちにも伝えたいと思っています。その延長線上で、和食料理人を目指す人を育てたい……。洋食やパティシエを目指す人が多くて和食料理人志望は少ないんです。でも、和食が文化遺産になっていますし、世界がその素晴らしさを認めています。もっとこれを広めるために、包丁が握れなくなったら講演などもしてみたいなと思っています。

柴崎　新井さんが大切にしていることはなんですか？

新井　料理は命をいただくものであり、命に手を加えてはいけない、ということです。添加物や化学調味料を使わないのはそこにありますね。食は命をつなげるものです。おいしい料理以前にまず安全であることが大前提です。あとはお客さまをもてなすだけでなく、食材を届けてくれたり内装工事をしてくれたりする業者さんを大切にすること、つまり業者さんも大切なお客さまであるという意識が必要だと思います。なぜなら業者さんはいろんな店をまわって仕事をしていますから、目が肥えているのです。店だけではなく心も綺麗でありたいです。

柴崎　若い時と今では人材育成に対する気持ちはやはり違いますよね？

新井　そうですね、30年培ってきたものを各地の若い料理人たちに伝えたいですね。それが社会貢献につながればいいと思います。私は「変人は努力すれば賢人になる」という言葉を大事にしています（笑）。

柴崎　それいいなあ、うちで使わせてもらおうかな（笑）。でも「変人」はまずいか?!

Vol.4

軽井沢のオーベルジュの魅力

空気も食材も軽井沢の宝物。しかし、それに甘えず、自分たちにできることは自分たちでやり、その分、お客さまが喜ぶサービスを増やす。店の価値を決めるワインセラーも充実してきたプリマヴェーラは、20年以上変わらぬコンセプトで運営されて、舌の肥えたお客さまとの真剣勝負の日々が続いている。

オーベルジュ・ド・プリマヴェーラ

HP[https://www.karuizawa-primavera.jp]

小沼《おぬま》　康行《やすゆき》氏

プロフィール

「オーベルジュ・ド・プリマヴェーラ」オーナーシェフ。1961年生まれ。「代官山レンガ屋」や「銀座レカン」で修業した後、「Fitリゾート」料理長、「軽井沢900シティ倶楽部」料理長、「箱根オーベルジュオー・ミラドー」調理部長を経て、1996年に「プリマヴェーラ」をオープン。以後、施設を徐々に増設して現在のオーベルジュとなる。現在は、グリル料理が楽しめるロティスリーの「ピレネー」も経営する。

■休みの日に料理修業

柴崎　小沼さんはどちらの出身ですか？　以前は何をされていましたか？

小沼　千葉県出身で高校時代はテニスに打ち込んでいました。その後、洋食屋でアルバイトをしましたが、会社員の父からは「職人で食えるようになれ」と言われていて、自分としては料理人か大工、どちらかになろうと思っていました。

柴崎　それで大工の修業ではなく、料理学校に通うことにしたのですね？

小沼　はい。フランス料理を作っているうちに、その奥深さと心地よさのとりこになって好きになり、東京でも一、二といわれる店へ修業に入りました。

柴崎　上昇志向なのですね。下積み時代はどうでしたか？

小沼　厨房に入れず、喫茶部でコーヒーを出していました。しかし、やらせてもらえない分、どこかでやりたいという気持ちが強くなり、休みの日に近くのビストロで魚をおろしたり、道玄坂のカフェでスパゲティを作ったりしました。一度でも作ったり食べたりしたフランス料理の味は忘れませんし、レシピも頭に入っています。

柴崎　料理人も才能と努力なのですね。食というか味に対するセンスが私たちとは最初から違っていたのかな。フランス料理で尊敬する人っていましたか？

小沼　私と同じように頑張っている方はたくさんおられると思いますが、村上信夫シェフは別次元の方だと思います。村上シェフは「料理の味は食べなくても見れば分かる」とおっしゃってい

ました。また、「そうでなければ料理長は務まらない」とも。

柴崎　それはどういう意味なのでしょうか？

小沼　料理の道具を使う料理人の手の動き一つで料理の味も変わっていくからだと思います。単にうまく料理を作るだけではプロとは言えません。素材に道具、そして技術（わざ）……磨けば磨くほど掘り下げたくなっていきます。その点を村上シェフは見抜いていたから、そのような言葉が出たのではないかと思います。

奥が深いから料理は面白い。だからこそ料理人はやめられないのかもしれませんね。

■箱根で「オーベルジュ」との運命的な出会い

柴崎　修業後、転々として軽井沢にたどり着いたのですね。

小沼　軽井沢のアンテナショップのレストランでアルバイトしたのですが、評判が良くて、日経新聞などでも紹

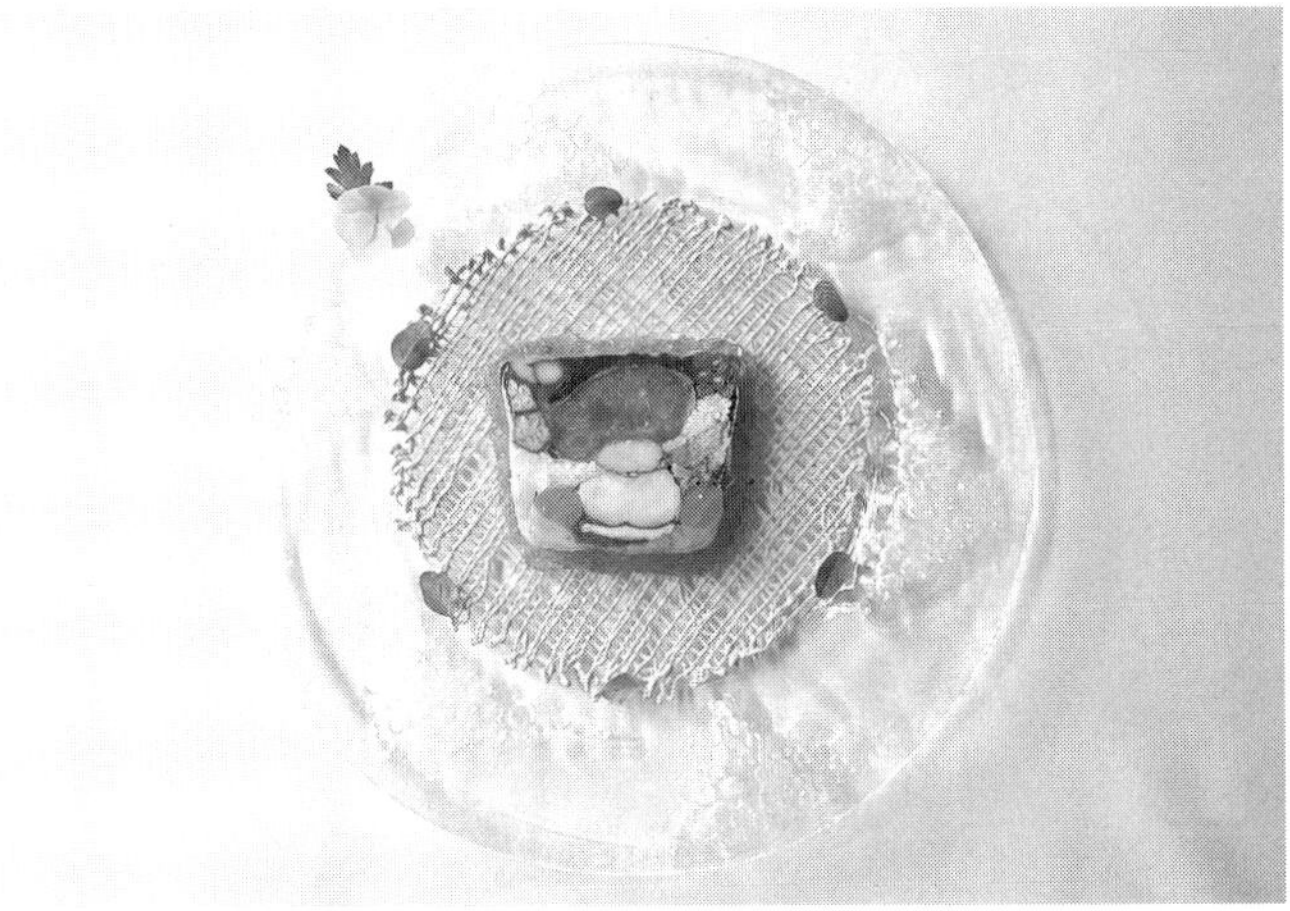

介記事が掲載されて、こうして顧客ができていくのだと分かりました。お金はありませんでしたが、顧客がついたことは非常に幸せなことでした。それが28～31歳ですね。ちょうどバブルがはじけてアンテナショップごとレストランがなくなってしまい、銀座の鳩居堂の向かい側のビルでレストランのシェフをしましたが、その契約が切れて、箱根のオーベルジュで料理部長を務めた時に、「このスタイルは面白い」と思ったのです。

柴崎　「オーベルジュ」とはレストランが主で食べて飲んだ後そのレストランの宿泊施設に泊まれるところですよね。軽井沢に来たのはそのあとだから、32～33歳ですか？

小沼　はい、平成24年の33歳の時です。リーズナブルな価格のランチとディナーで勝負しようと思いました。2年目から爆発的に人気が出て、いろんな記事で知られるようになり、別荘族の方や東京のグルメなどハードルの高い顧客が増えて驚きましたが、やりがいも増しました。

ただ、10〜20席のワンオペの店で終わるのではなく、組織をつくって人を育てたいと思ったのです。

■冬は「給料の十倍働け」の意味は?

柴崎　人材募集はどうしていますか? 軽井沢では集まらないでしょう?

小沼　それがうちは恵まれているというか、人がいなくなると適材がどこからともなく入ってくるのです(笑)。また、ネット時代なので、山形から軽井沢に来てくれる人が見つかるとか、オーベルジュに魅入られた女子が入ってくるとか……。

柴崎　素晴らしい。冬ってどうしていますか? 軽井沢は雪がすごいですから、開店休業というわけにもいかないでしょう?

小沼　冬は思うように稼ぐことができないので(笑)、「自分の給料の10倍働け」と言います(笑)。何でもいいのです、何かしら動いて貢献する気持ちが大事なのです。

柴崎　社員教育や研修はどうしていますか?

小沼　正直……私は小姑《こじゅうと》のように社員の間を縫っていろいろと言って歩いてますね(笑)。また、毎日のミーティングでお茶を飲みながら詳細な情報交換をします。そして、毎年何人か連れてヨーロッパ各地に研修に行きます。オーベルジュの総会があるからなのですが、舌を肥やすため食べ歩きをします。グルメの客も食べ歩いていますから、それに負けないようにプロとしてフランス料理の本場で定期的に学ぶことが必要なのです。昼夜食べて大変ですが、フランス料理の神髄と

かエスプリとか感じて帰国したいといつも思います。

■日々の仕事をきっちりとやっていきたい

柴崎　これからどうしていきたいですか？　また、小沼さんの夢は何ですか？

小沼　日々の仕事をきっちりとやっていきたいということに尽きますが、若い人たちにいろんな食材で新しい料理作りをしてほしいと思います。ただし基本は不変であり、奇抜なことはしてはいけません。うちはどんなに評判になっても、床磨きからしっかりやっていきたい。若い人には自分が生きるための術を持てるように努力してほしいと願っています。

柴崎　料理人の世界はまず辛抱ですからね、修業や下積みを経て、新しい世界が見えてくるのでしょうね。

小沼　そこに夢や希望があるのだと私は思っています。

Vol.5

お客さまの笑顔と感謝が支えてくれた人生

夫の失踪で死まで考えた時、「ニコニコが欲しい」と言った子どもの言葉で踏みとどまれた。そして食でみんなを笑顔にしたいと考えるようになった。五十嵐氏がつくったパン屋は、群馬県産の食材にもこだわり、アレルギーの人も安心して食べられるパンや糖質制限にもよいおからパンなど、固定客が増える特別なパンばかり。苦難を乗り越えて力強く生きる五十嵐氏から元気がもらえる。

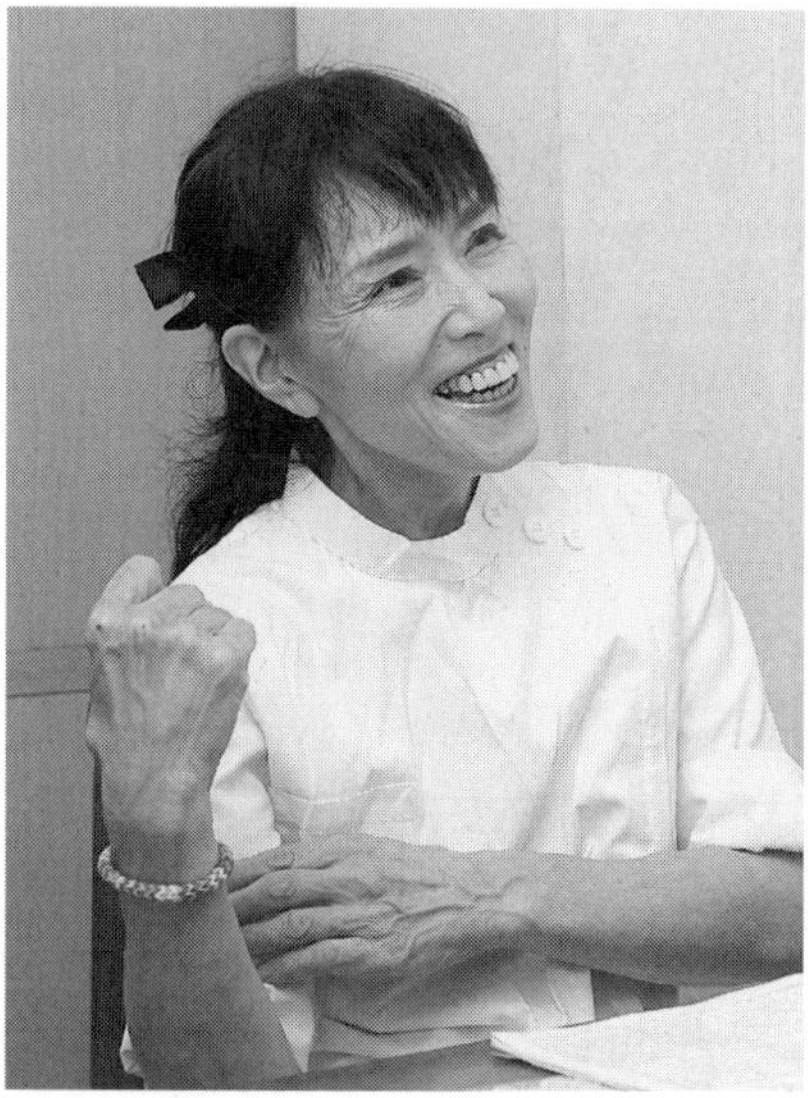

SYATOA
HP[http://syatoa.com]
五十嵐明子《いがらしあきこ》氏

プロフィール

五十嵐明子氏はボン・マルシェに入り、店長までしたが、５年前に独立した。アレルギーでパンを食べられない人や糖質制限の人のためのパン作りにも挑戦している。パンを食べて健康になり人生が楽しくなる「ニコニコ屋」が目標。小柄な体で30kgのパン生地をこねる。

■夫の失踪でパン屋に勤め、起業願望が……

柴崎　前橋でパン屋さんを開店されて何年ですか？　どのような経緯でパン屋さんになったのですか？

五十嵐　もう5年になります。一度社会に出て働いてから結婚し、専業主婦で子育てをしていましたが、突然夫が行方不明になりまして、その後は食べ物の訪問販売で生活資金を得ていました。それから、ボン・マルシェというパン屋さんの店長候補募集に応募して採用されまして、学校に通って勉強したり、パン作りを習いました。最初は作ることがやりたくて入ったのですが、人を管理する仕事が増えてきたところで、小さなパン屋さんから電話がかかってきて「ぜひ来てほしい」と言われ、パン作りが自由にできると思って仕事を辞めて移りました。

柴崎　思い切ったことをしましたね。大手の安定した職場から個人経営の店に移ったわけですね？　元々パン屋になりたかったのですか？

五十嵐　食は好きで続けられると思っていました。人生の先は分かりませんが、飲食関係の仕事であれば食いっぱぐれはないかな……と（笑）。

柴崎　確かにそうですね。残ったら自分で食べればいいし（笑）。

五十嵐　手相をみてもらったことが何度かあるのですが、いつも「食いっぱぐれがない人」だと言われています（笑）。

柴崎　ボン・マルシェ時代は何歳くらいだったのですか？

五十嵐　アラフォーでした。年齢に気後れすることはありませんでしたね。
柴崎　小さなお店に移ってからどうなりましたか？
五十嵐　それが……、突然その店のオーナーのお子さんが戻ってきて、店を継ぐことになったんです。
柴崎　それは大変だ。そして独立されたんですね。
五十嵐　開業しなくちゃいけないと思っても資金はないし、どうしようかと思い挫折しかけましたが、自然に周囲の人たちが動いてくれたのです。それでなんとか「ＳＹＡＴＯＡ」を開店できました。

■店名SYATOAに込めた思いとは？

柴崎　どんな意味が込められているのですか？
五十嵐　造語なのです。Ｓは食育・医食同源、Ｙは焼きたて、Ａはアレルギー、Ｔは地産地消、Ｏはおいしさの追求、最後のＡは安全です。自分の目指すものを店名に込めました。「健康」ってそれだけで有難い、幸せなことだと思うんです。健康で人生を楽しんでもらいたい、アレルギーがあっても楽しく生きてほしい。健康づくりに寄与できるようなお店にしたいと思いました。
柴崎　パン屋さんを開業してからいろんなイベントやプロジェクトとか精力的に手掛けていますね？
五十嵐　なぜうちのような小さなパン屋さんにこんな話が次々と舞い込むのだろうと私も不思議

なのです……。最近では地元の大学でバーチャルカンパニーをつくるゼミがあり、そこで「おからの有効活用」ということで、おからパンやおからラスクを作ったのですが、これがとてもおいしいし、糖質制限にもよいのでお店で販売したら、人気商品の一つになりました。

柴崎　そうか、群馬県は豆腐の生産量が日本一ですよね。

五十嵐　そうなのです。だから、おからの有効活用は大事なのですね。また、枝豆は大豆の未熟豆ですが、栄養面では大豆に勝る点もあるヘルシーな食材で、群馬県の農政課さんの枝豆普及拡大の政策に協力して、勢多農林高校の生徒さんたちと一緒にメニュー開発し、イベント参加したこともあります。

■「ニコニコ屋」になりたい!!

柴崎　いろいろな話が舞い込んで、いろいろな人や団体が支援してくれて、すごくいいですね。なんでそんなに頑張れるのですか？

五十嵐　わたし「ニコニコ屋」を目指して勉強して努力して頑張っているのです。結果として差別化できているって感じですね。
柴崎　それは何かつらい体験からきているのですか？
五十嵐　夫がいなくなった直後が一番つらくて、死ぬことばかり考えていました。そんな時、道端の中華屋さんにニコニコ屋の看板が出ていて、次男が「何を売っているんだろう？　ニコニコをくれるのかな？」って言ったんです。人間ってみんな笑顔を求めているのですよね。子どもの心を考えずに死ぬことばかり考えていた自分が恥ずかしく、申し訳なく、すごく反省しました。その言葉が年を重ねるごとに心に深く沈殿して、そしてニコニコ屋さんになろうと思ったのです。

■パン屋は力仕事

柴崎　開店当初は大変だったでしょう？
五十嵐　粉が重くて25～30kgあって、結構力仕事なんですよ。それをこねてパンを作っても売れ残りのロスが多くて、睡眠不足にもなり、つらかったですが、今度は買ってくれたお客さまの笑顔が私を支えてくれたのです。

柴崎　いろんな商品がありますよね。

五十嵐　最初は近所の方が10人くらい買ってくれました。今では、安心してパンを食べられるようになったアレルギーの子のために買いに来るお母さん、散歩やスポーツジムの前後に買いに来る方など、たくさんいらっしゃいます。

■特別な商品を増やしていきたい理由とは？

柴崎　将来の夢とか目標とかありますか？

五十嵐　今は飽食で家事は家電がしてくれる楽な時代になったと思うのですが、その分、運動不足や食べ過ぎで生活習慣病が増えていますね。自分の健康は自分で守らなければならない時代だと思うのです。アレルギーの人や血糖値を下げたい人、生活習慣病を予防したい人に「ありがとう」って笑顔になってもらうと、生きててよかったと思います。幸せな人生です。こだわりの製法のパンや糖質制限のおからパンやふすま粉や大豆粉のパン、米粉１００％のグルテンフリーパンなど、これからもお客さまを健康で笑顔にできる商品をたくさん作って販売したいと思っています。

柴崎　また新しいおいしいパンを期待しています。

Vol.6

自分で決めたことに責任持って取り組む志が大事

おいしいお菓子を作るパティシエ。その修業に甘いところはなく厳しい世界である。川村氏は、高校野球からお菓子の世界に入り、フランスのパリや有名ホテルで働いて腕を磨いた。

パリドートンヌ
HP[http://paris-dautomne.com]
川村《かわむら》　浩二《こうじ》氏

プロフィール

群馬県出身、フランスのパリで修業し、日本各地の有名店で働いた。「パリドートンヌ」とは「秋のパリ」という意味。あえて前橋市の裏通りに店を出し、おいしいお菓子でどれだけ客がきてくれるのかに挑戦中。プラス志向を持てばどんな仕事も楽しくできるという。

■高校野球からお菓子作りへ

柴崎　「パリドートンヌ」というのは、どういう意味なのですか？
川村　「秋のパリ」という意味です。25歳の時にフランスに渡りパリで修業に入りましたが、その時の季節が秋だったからです。お店の原点ともいえます。
柴崎　子どもの頃からパティシエが夢だったのですか？
川村　いやいや、高校生の時には漫画家志望の野球少年でした（笑）。野球部のコーチに「パティシエって職業があるぞ」と教えられて興味を持ち、ケーキ職人体験をしたらめちゃくちゃ楽しくて、自分でケーキを作る楽しさにハマってしまいました。まさにアートでした。実は美術はずっと5で、手先もわりと器用でした。他の科目はダメでしたけど（笑）。それと、苦労して漫画家になれたとしても売れないと食べていけないし、ずっと座りっぱなしの仕事は嫌だなと思って、パティシエになることを決めたんです。
柴崎　それでパリに行く前の最初の修業はどちらに行かれたのですか？
川村　世界大会で優勝経験のある「ル パティシエ タカギ」の高木康政シェフに弟子入りして5年間修業しました。人気店だったのでとにかく売れる。毎朝早くから仕込みをして作り続け、夜遅くまで後片付けで寝る間もなかったです。

■プラス志向と志が自分を支えた

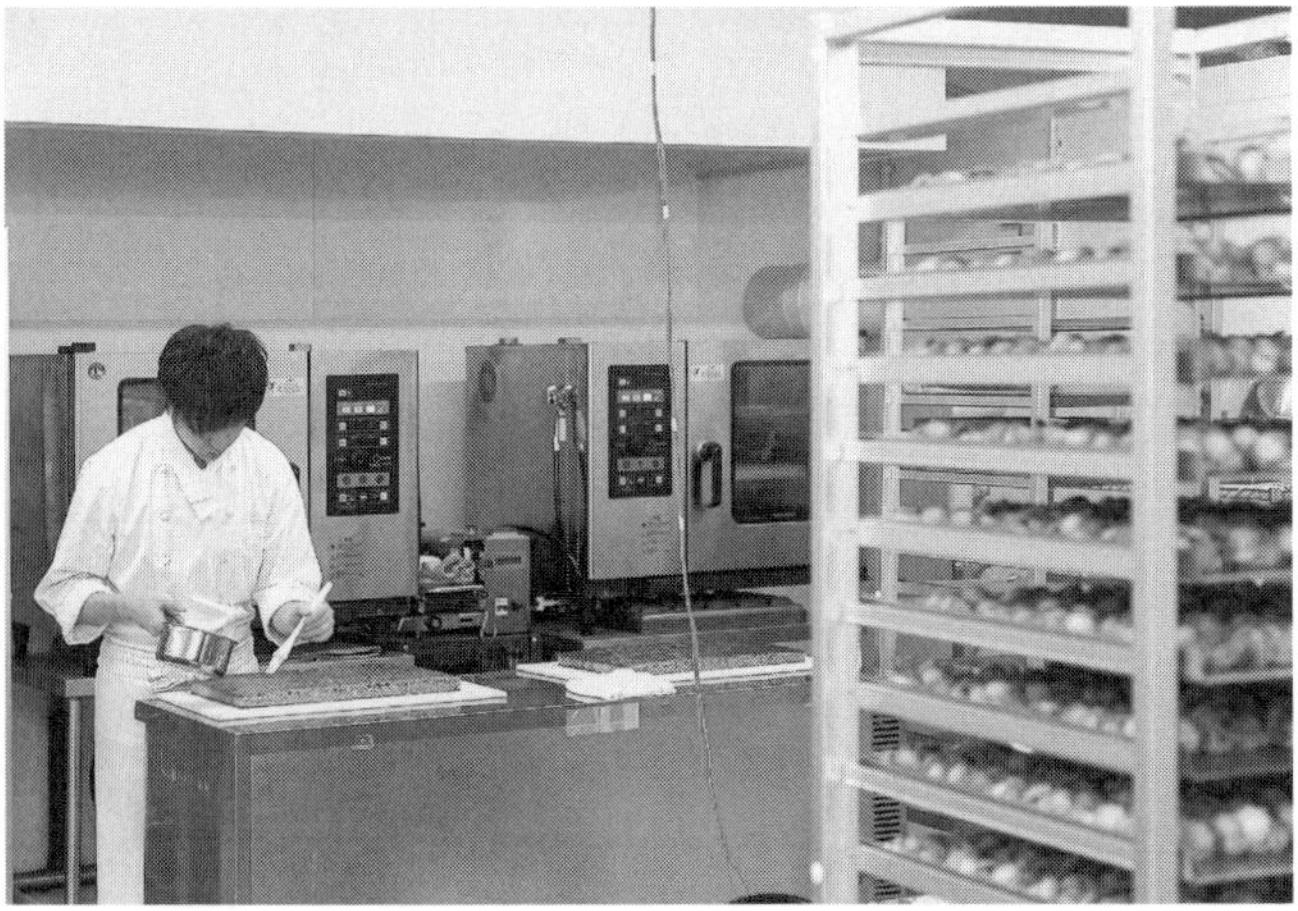

柴崎　そんなにきつい仕事を川村さんが辞めなかった理由は何ですか？
川村　自分にはコレしかないのだという「プラス志向」に切り替えたのです。そして、パティシエの世界大会で優勝したいという夢もありました。
柴崎　睡眠不足や疲労で大変だったのに、それでもプラス志向になれたのはすごいですね。それから海外に行ったのは何かきっかけがあったのですか？
川村　高木シェフに「世界大会を目指してホテルで働きたい」と言いましたら、「今ホテルは空いてないからとりあえずフランスに行って来い」と。3カ月独学でフランス語を勉強して単身渡航しました。
柴崎　フランスの印象はどうでしたか？
川村　ワーキングホリデーを使って1年間行っていたのですが、高木シェフの紹介で入ったお店に4年先輩がいらっしゃって、その方の様子を観察して「時代の変化」を感じ取ったのです。

柴崎　「時代の変化」とは何ですか？
川村　その人と同じようにここで3〜4年修業したところで、その後帰国して成功するのだろうか……と。グローバル時代なので日本にいても世界から学べることはたくさんあるし、最新の技術やトレンドは日本にいても分かると思ったのです。苦労して海外で修業するよりも、国内でいろんなことを学びながら自分の理想とするケーキやお菓子を作って売って、お客さんの反応を見たいと思いました。
柴崎　帰国してからはどうされたんですか？
川村　リッツホテルやパークハイアットでしばらく働き、その後群馬に来たわけです。ちょうど兄が実家から出て行って親の面倒を見なければならないと思っていたところでした。ずっと都会でストレスを感じていたので、群馬に帰省して、のんびりした空気に癒やされました。

■味に自信があるから、どこでもやっていける

柴崎　パティシエって世の中にたくさんいると思うのですが、どの部分で差別化されるんでしょうか。
川村　やはり味ですね。味に自信があるので、店舗の立地は路地ですが、安売りしなくてもお客さまがちゃんと来てくれて固定客になってもらえると思っています。それ相応の食材と技術もありますから。

柴崎　お店は正直分かりにくい場所にありますよね。これが塾ならやっていけない（笑）。自分らしいお菓子やケーキというのはどんなものなのですか？
川村　「らしさ」というのは、まず色味ですかね。焼き菓子は焼くと茶色になりがちですが、アートが好きなので色合いにはこだわっています。
柴崎　今実際に目の前にありますが、とても色味がいいですね。もちろん食べておいしいし。
川村　いまＦＣ展開を目指して、クレープやプレミアムエクレアで攻めています。テレビでも紹介されて、自信作です。あとは、「出会い」ですかね。パティシエの高木シェフからいろいろと経験させてもらいましたし、他にも尊敬する人との出会いで、ポジティブじゃないと成功しないということも分かりました。そうした道を歩いてきて今があるので、出会った皆さんに感謝しています。

■清潔感と好奇心、そして志が大事

柴崎　パティシエのやりがいって何でしょうか？
川村　まず作る楽しさ、そしてお客さまとの出会い、接客して笑顔でおいしいと言って食べてもらえること、それをダイレクトに伝えてもらえること、そして今の時代はＳＮＳにアップされてたくさんの人に拡散してもらえることがうれしいです。
柴崎　川村さんが大切にしていることは何ですか？

川村　飲食ですので清潔感は必須ですが、私自身の生活そのものも清潔感にこだわっています。それと好奇心が大事ですね。これだけは譲れません。全てに興味を持って生きていれば、それが菓子作りの感性につながります。

柴崎　パティシエって子どもたちに人気がありそうですが、何か彼らにメッセージはありますか？

川村　自分のやりたいことがあったら逃げないこと。私自身とてもやりがいのある仕事をしていると感じていますから。簡単に挫折しないためには、常に志を忘れないことだと思います。そして自分が決めたことに責任を持つということも大事です。

Vol.7

腹が減ったらうちに来い。人との関わり合いが面白い

社員が景勝軒を選んで良かった、お客さまがラーメンを景勝軒で食べて良かったと思うようにしたい。そして、若い人がただ働くだけでなく、自分の人生を高める場にしたいという櫻岡氏。たかがラーメン、されどラーメンの奥の細道へ……。

株式会社景勝軒

HP[http://www.keishoken.jp]

櫻岡《さくらおか》　一生《かずお》氏

プロフィール

東京都町田市出身。ラーメン修業後、2009年に群馬で独立開店。群馬県に恩返ししたい、というのが群馬拠点の根拠。現在群馬と栃木で35店舗以上を展開。社員が選んで良かったと思う会社組織を目指す。群馬を中心にＦＣを含め35店舗。

■教育学部卒のラーメン屋

柴崎　独立するまでの経緯について教えてください。

櫻岡　茨城、千葉を中心に展開する麺屋こうじグループの群馬の支店立ち上げメンバーに選ばれてここに来ました。ラーメン屋になろうと思ったのは20歳の時で、大学時代に飲食店でアルバイトしてラーメンの魅力に取り憑かれたからです。

柴崎　大学で何を勉強していたのですか？

櫻岡　実は教育学部で、教員になるつもりでした。

柴崎　それは意外ですね。教育学部卒のラーメン屋って想像できないですね（笑）。どのように経営されているのでしょう？

櫻岡　直営24店舗17のブランドで展開しています。それぞれが個性的で、同じ店は一つとしてありません。居抜き物件が多く、元々の物件の持ち味を残して使うという主義です。

■競合が多く差別化しにくいラーメン屋が生き残るには？

柴崎　ラーメンって競合も多いと思いますが、どうやって差別化しているのですか？

櫻岡　他社を気にしないことです。ラーメン屋は自分の個性を最大限に生かせる職業だと思っていて、「景勝軒は同じグループ店舗であっても同じ店はない」がモットーです。居抜き物件が中心なので、店舗によって、厨房の環境でできることが限られています。ならば鶏白湯専門店にしようとか、山盛りラーメン専門店にしようとか、そういう形で差別化をしています。元々の店舗の個性を大事にしています。

柴崎　その方が個性が目立つし、いろんなお客さまが来てくれるわけですね。

櫻岡　そうなのです。個性を大切に伸ばしていけば、それが差別化になり、固定客がつき、新しいお客さまも紹介でどんどん来てくれます。

■客の記憶に残るラーメンを作りたい

柴崎　店舗造りでは長所だけ生かす、作りたいもの、おいしいと思うものを何でも作る……。それが自然体であれば楽しいいし、やりがいもありそうですね。どんなラーメンを一番作りたいですか？

櫻岡　お客さまの記憶に残ってまた食べたくなるようなラーメンが作りたいですね。食べた人がクセになるようないろいろなコンセプトの商品開発もしたいし、思い出になる場所でありたい。ラーメンはもっと変わっていても良いと思っています。バランスのとれたラーメンは作らないです（笑）。厨房からお客さまを見ているといろんな反応に直接的に触れることができ、実に面白いのです。人が好きなら、ラーメン作りはおすすめです。

■常連客がスタッフになっていく理由とは？

柴崎　ラーメンを作る時も食べてもらう時も楽しめるのですね。人材確保とか育成はどうしていますか？

櫻岡　スタッフの確保は大変です。アルバイトも含めて店に入る人は全員私が面接しますが、店に募集のチラシを貼っておくと応募があります。いつも食べに来ているお客さまがここは安心できそうな職場だと感じてくれているのだと思います。

柴崎　どんな方が応募してくるのですか？

櫻岡　独立したいって人もいるし、とりあえず働きにきた人もいます。後者の気持ちをどうやって変えるかが大切で、景勝軒という〝舞台〟を提供してラーメンを作ってもらうとラーメンを好きになってくれるんです。ここが自己実現の場所になります。

研修は現場が中心で、それぞれの店長が担当しています。マニュアルよりも実地の指導を重視しています。私の存在は、表に出るのではなく完全に黒子です。仲間に

とって良き理解者でありたいと常に心掛けています。教育は諦めずに、その人の成長を信じて指導し見守るしかありません。

■「安心できる存在」でありたい

柴崎　やっぱり教育が大事ということですね。どういうところに気を付けて若い人材を教育しているのですか？

櫻岡　店の売り上げとか数字ではなく、スタッフが笑顔で働き、お客さまも笑顔でラーメンを食べる、そして自然なコミュニケーションがとれていればＯＫです。あまり私が出過ぎないように気を付け、信頼できるリーダーたちに任せています。ただし、最後は私がいるという安心感は一人一人に伝えています。社員と飲みに行くこともまったくしていません。誰かと飲みに行ったら全員と行かなければならなくなりますから、体が持ちませんし（笑）。

■希望を与えられる大人になりたい

櫻岡　上司、部下の関係だけでなく、一人の友人としての付き合いが彼らとできればと思っていますし、彼らの支えとなる存在でいられたらいいなと思っています。

柴崎　将来はどうしたいと思いますか？

櫻岡　20歳の時から、40まではがむしゃらに働いて、40過ぎたら教育に関わりたいと決めていました。そのために、経営者として成功して希望を与えられる大人になることを大切にしています。当時家が貧しく、17歳の時に両親が離婚したあと私を大学に入れるために母が相当の苦労をしてくれて。教育学部に入ったのも公務員になって母と妹を守ろうとしたからでした。20歳の時に、社会に貢献できる立派な大人になる方が恩返しになると考え、こんな自分でも「人生はここまで変えられるんだ」ということを見せるために経営者になりました。自分の挑戦してきたことが誰かの希望になり、たくさんの方々がイキイキと活躍できる舞台をつくっていくことが、将来の展望ですね。

柴崎　そういう子たちが個性豊かに働けることが、一番の教育かもしれませんね。

Vol.8

世界に誇れる日本の醤油を売りたい!!

私たちは大手の醤油しか知らない場合が多いが、全国には１３００もの醤油醸造元がある。そのほとんどを回って、地方でしか味わえない「地産地消」の醤油を小瓶で販売して成功した「伝統デザイン工房」の歩みとこれからの夢について語る。

株式会社伝統デザイン工房

職人醤油 www.s-shoyu.com

高橋《たかはし》万《まん》太《た》郎《ろう》氏

プロフィール

前橋市出身、立命館大学を卒業して精密機器の営業をやっていたが退職。結婚後に予算100万円で国内貧乏旅行をしたら、各地の伝統産業の良さを発見。醤油の小瓶売りをはじめた。好きな人と、好きなものを誇りをもって売る、それが夢をかなえた要因かもしれないと考える。

■伝統産業の中で醤油に興味

柴崎　なぜ醤油なのですか？　元々醤油の研究とかしていたのですか？
高橋　消去法でたどりついたのです（笑）。私は地元の高校を卒業して立命館大学を経て関西で就職し、精密機器の営業に従事したあと退職し結婚したのですが、新婚旅行は予算100万円の貧乏旅行でした。全国の伝統産業を見て歩く旅でしたが、伝統産業に共通した「良いものを作って自信のある商品として売る」ということに気付いて、消費者の視点から、選んで買わないもの、なおかつ日常生活にかかせないものということで醤油に絞り込み、売ってみたいと思うようになったのです。
柴崎　退職して結婚して……、独立自営ということですね、それは大変ですね。あとに引けないわけですものね。
高橋　奥さんの親には「なんとかします」と頭を下げて……。でもあまり大きな不安はなかったのです。ちょうど、ベンチャー企業の黎明期で、自分もいつか起業したいという強い思いがありました。貯金という保険はありましたので、失敗してもまたサラリーマンに戻れば食っていけるみたいな気持ちでした。
柴崎　「職人醤油」はちょっと変わった醤油の売り方をされていますよね。
高橋　いろんな蔵元の醤油を小分けの瓶に詰めて、お客さまに選んで買っていただくシステムです。醤油は日常的にたくさん使っているものですが、実はいろんな味や用途があり面白いんです。

最初は売れるアテもなく、いろんな蔵元をまわり話を聞いてもらいました。幸い蔵元は珍しがってくれて……100mlの小瓶に入れて300～400円で8銘柄の醤油を売ってみました。3年間は儲けなしでした。でも、ある蔵元は1500本無料であげるから売ってごらんと提案してくれて、遊び半分で付き合ってくれたのでしょうが、それがとてもうれしかったですね。

柴崎　高橋さんのチャレンジ精神に共感したのでしょうね。高橋さんの背中を押したものというか、そこまで頑張れたのはなぜですか？

高橋　起業というのは、結局、自分の取り組んだ仕事と扱う物に誇りを持って好きになれるかどうか、そして良い人と一緒にやれるかどうかが大事だと思うのです。長く続く伝統産業であればどちらもかなうから、だからでしょうか。

■全国に1300もの中小の醸造元がある!!

柴崎　でも醤油も大手がいくつかあるでしょう？　差別化についてどう考えていたのですか？

高橋　大手と同じ土俵では絶対に戦えません。実は日本には大手以外に地方の小さな醸造元が1300軒くらいあるのです。大手の商品にはない味がそこにはあるのです。それが差別化です。

柴崎　えっ⁉　そんなに‼　意外ですね。

高橋　九州は甘めの醤油が多いのですが、たとえば福岡県には100軒ほどの蔵元があり、一つ一つ加減が違うのです。そうすると、大手が参入しにくいカテゴリーになります。

柴崎　なるほど、それだけたくさん種類があればいろいろと味や色や風味を楽しむことができますね。
高橋　皆さん醤油は大量生産するのが当たり前だと思っていますが、小さい醸造蔵がこうして愛されているのです。
柴崎　小さくてもちゃんとやっている……。塾と似ているなあ。
高橋　地方の素封家が醸造元で土地もあり資産もあるという例がかなりあって、後継者もちゃんといて、醤油の歴史の中で、日本が誇れるものの一つであると私は思います。
柴崎　その通りですね。ところで、競合が出てきたりしないんですか？
高橋　うちの売り方は手間がかかりますから、皆さん面倒くさくてやらないと思います（笑）。大量生産のものを大量に売った方がビジネスとして成り立ちますからね。醸造元４００軒くらいの醤油を吟味して、現在は44

軒と付き合って販売しています。もうかなり濃い関係の仲間になっていますが、道のりは長かったです。
柴崎　職人さんは頑固なイメージもありますが、絶対に裏切らない方たちですよね。
高橋　はい、信頼関係ができればずっと付き合うことができる素晴らしい仲間です。

■伝統産業と若者の関わり

柴崎　これからどうしていきたいですか？
高橋　日本の地方の伝統産業というフィールドは外せないと考えています。若い世代も伝統産業に入ってきているのがうれしいです。
　世界を歩いてきてはじめて日本の伝統産業の良さに気付いた若者が中部地区の蔵元にいて、その方が、蔵元の見学ツアーを企画したら、最初は職人が反対したのですが、一度やってみるととても好評だったそうで、今では定期化しているとか。新しい風が吹いた気がしました。

柴崎　そうか、お酒の蔵元見学とかはあるけど、醤油の蔵元見学は聞いたことがないから、未体験の人が多いですよね。いいなあ……。高橋さんは蔵元に行く時、どこを一番見ますか？

高橋　作り手の方ですね。よくお話を聞くようにしています。話の内容と製造過程が同じかどうかも見ますね。職人にとっては当たり前のことが我々には新鮮だったりしますので、売る人間もきちんと理解すれば必ずプラスになると思います。

■小さな醤油はまさにニッチ!!

柴崎　お酒の蔵元や味わいや成分についてはある程度知っていますが、醤油の味の違いについて学べば、また醤油の味わい方も違ってくるということですね。

高橋　実は醤油はお酒と違って年中作っているのです。そして、地方で消費されて全国に出回っていないものも多いのです。いわゆる「地産地消」ですね。都内の百貨店は問屋に丸投げして仕入れているので、そういう地方のおいしい醤油は店頭に出なくて、まさにニッチなのです。それをうちで販売しているわけです。今、うちで扱っているのはＨＰですと、30都府県で、43蔵元の84銘柄を販売しています。東京の百貨店にも置いてあるところができました。

柴崎　今度いろんな醤油を味わってみたいと思います。

Vol.9

ニッチだけどリッチなマタニティ商品でブレイク

誰もやっていない「マタニティスープ」の開発と販売は、まさにニッチでリッチなビジネスだった。家族が増える中、「週末起業」で試行錯誤しながら、宮川氏のスープは確実に売れて、新たな市場を切り開いた。

株式会社ベジタル
HP[http://maternitysoup.jp]
宮川《みやかわ》　修一《しゅういち》氏

プロフィール

茨城県つくば市出身、茨城大学農学部大学院卒。妻の実家のある群馬県に子育てのため移住。バイオテクノロジーを学んだことを生かして、妊娠中の女性向けの加工食品の販売にチャレンジ。失敗と苦労の連続だったが、大手ができないニッチなニーズを獲得。今後はマタニティギフトなど、新たな市場の開拓を目指していく。

■「週末起業」は、イベントでスープ販売

柴崎　宮川さんの出身はどちらですか？
宮川　茨城県つくば市です。結婚を期に、子育てのことも考え、妻の実家のある群馬県に引っ越しをしました。
　学生時代は、茨城大学の農学部でバイオテクノロジーを研究していました。卒業後に就職して2度転職しましたが、まず、食に興味があって外食産業の商品開発として勤め、その後、水と土壌や合成樹脂などの研究をしていましたが、より顧客の顔が見える仕事がしたいと起業に関心を持つようになりました。
柴崎　起業したいと思ったのはいつ頃からですか？
宮川　２０１１年頃ですね。会社員としてのルーティンな仕事が嫌でしたが、販売や経営の経験がないので、まずは平日は会社で働いて、「週末起業」ということで、二足の草鞋《わらじ》を履くことにしました。私にとっては、経営のノウハウがない中でいきなり会社を辞めて起業することは、リスクが高いと思いました。
柴崎　普通は平日働くだけでも大変ですが、週末起業はどうやって成功しましたか？
宮川　ある冬の日イベントに出掛けたら寒いのに温かい飲み物がコーヒーしかなかったんです。自分の農学部での経験を生かした起業を考えていたので、野菜を使ったスープなら作れるし、お客さんもきっと喜ぶはずと思いました。次の月には週末のイベントにテントの屋台を出して、スー

プ専門店をやったら評判になり、これは事業として成立するのでは、という感触を得ました。

柴崎　いくらぐらい売れたのですか？

宮川　３００円で50食ですが、売り上げ1万５０００円で利益なしです（笑）。趣味やボランティアでは家族が養えないので、商売の基本である損益計算を意識するようになりました。やりながら経営を勉強していきました。

■人脈を活用して「マタニティスープ」が誕生

柴崎　そうした経験を経て、商品開発に取り組んだわけですね？

宮川　このままでは夏に利益がでないので。スープをレトルトにすれば売れるかもしれないと考えました。オリジナル商品を開発し、30店舗に置いてもらいましたが、これまた売れても利益が出ません。それを打開するにはどうしたらいいか……。そんな中、妻が2人目の子どもを妊娠中、貧血で倒れるという事件が……。病院で鉄剤を処方されたが、つわりがひどく、錠剤が苦手なため、鉄剤を一切受け付けませんでした。そこで、妊婦さん用のいつでも手軽に食べられるスープはどうかと思ったのです。レトルトだと重いしお湯を沸かすのが大変なので、粉末にしようということは決まったのですが、妊婦さんに関する専門知識がなくて困っていました。そんな時、イベントで産婦人科の佐藤病院の方と知り合いになり、相談したら、「そのような商品は今までなかったし、もしそれができたら妊婦用の補助食品としてよいと思います」と背中を押してくださ

り、開発したのです。
柴崎　そうか、自分の地元ではないから、そういう人脈づくりが大事なのですね。
宮川　はい。それで四種類の味の「マタニティスープ」を作って販売したら妊婦さん本人よりも、ギフトとして周囲の方にとても人気がでたんです。祝ってあげたいけど、何をあげたら良いか、とても迷うし、他の人とも中身がかぶりがちなんですよね。群馬県にいながらにして全国展開できました。これもネット時代のお陰です。
柴崎　ニッチのニッチですね（笑）しかし、ネットで食品の販売というのはいろいろと大変なこともあるでしょう？
宮川　そうですね、妊婦さんのためのものなので、安全・安心という点は、最も気を付けました。さらに、実際食べておいしいけど塩分とカロリーは控えめでないといけません。安全性を踏まえて必要な栄養素も含まれていないといけません。

■オフラインとオンラインのネットワーク活用

柴崎　今の仕事のどんなところが楽しいですか？

宮川　サラリーマン時代と違い、時間の制約がなく自分で決められますが、その分、普通の人よりもたくさん働いています。独りブラック状態（笑）。朝型人間で朝4時に起きて仕事したりしています。

柴崎　宮川さんは、商品のPRとかどうしているのですか？

宮川　認知してもらうことが大変ですが、妊婦さんをターゲットにしたマタニティイベントに行ったり、マタニティ情報サイトを作ったりしています。ママ友のコミュニティーでグループごとにどんどん伝わっていき、それがまた拡散していきます。オンラインとオフライン、両方で集客をしていきます。私もイベント業者の協力を得て、これからもいろいろと仕掛けていくつもりです。

柴崎　しかし……、サラリーマンを辞めて家族がいて、奥さんと実家からはいろいろと言われたでしょう？

宮川　今は協力的で、妻から妊婦さんだった時の話を聞いて

商品開発に生かしていますが、当時はいろいろ言われましたよ（笑）。なにしろ二人目の子が生まれた後に起業したわけですから。

■スープは食の原点

柴崎　今後もスープを続けていきますか？

宮川　世界的に食の原点はスープなのです。ニーズは0歳から高齢者まで幅広いし、万能で主役にも脇役にもなります。「マイナス1歳からの食育」を目指しています。60種類ほど試作して、そのうち10種類をイベントに出店、地元の野菜を使った食品で、野菜が嫌いな人も食べられるものを作ろうという試みに挑戦しています。

柴崎　学ぶキッチン……。塾のイベントでもやってほしいですね（笑）。

Vol.10

冷凍パンのマーケットはブルーオーシャン

粉文化の群馬県で、冷凍パンを福利厚生の一つとして会社に届ける、という新たな市場を開拓した矢野氏。地元のネットワークにも助けられて、ブルーオーシャンを冷凍パンで航海する矢野氏が、その本音と野望を語る。

パンフォーユー
HP[https://www.panforyou.jp]
矢野《やの》　健太《けんた》氏

プロフィール

群馬県太田市出身。桐生高校から京都大学に進学し、新卒で電通に入社し、中部支社で交通広告を担当。その後、教育系ベンチャー、地域系NPO事務局長を経て、株式会社パンフォーユーを設立。利用者からの評判は予想以上で、大手ゲーム開発会社などにも導入され、福利厚生の一つとして好評。

■自分のやりたいこととルーツ

柴崎　元々は何をされていたのですか？

矢野　京都大学でアメフト部にいましたが、卒業して電通に就職し、名古屋の営業部で中吊り広告を担当しました。その後、子育て世代の支援や子ども向け体験プログラム、企業支援などを行うＮＰＯ法人「キッズバレイ」の事務局長をしていました。

柴崎　それで、なんでまたパンに……。全く畑違いですよね。

矢野　実は、キッズバレイの時代に寄付で冷凍パンが届いたことがきっかけなのです。そのおいしさに出合って、ハマってしまいました。

柴崎　なるほど、そういうことだったのですね。何か仕事を変えていった背景とかあるのですか？

矢野　２０１１年の東日本大震災の時、ちょうど新卒で電通に入社する直前でした。周囲の友人の話を聞いたりしていると、約束された道をこのまま進んでいいのかな……と。自分のやりたいことは何か、ルーツは何かと考えた時に群馬県に戻ってみようかなと。でも起業することまでは考えませんでした。

■冷凍パンは唯一無二の商品

柴崎　そして、親会社から独立して、冷凍パンをオフィスに届ける仕事を始めたわけですね。

矢野　はい。福利厚生の一つとして、地方のパン屋さんのパンを冷凍し、届けるという新しい事業です。会社に冷凍庫がなければ、冷凍庫も貸し出して、一つ一つ包装して届けて回りました。レンジでチンして食べてもらって、使った分だけ補充する仕組みです。

柴崎　ああ、富山の薬売り方式ですね。冷凍パンも珍しいし、補充式もなかったでしょう？

矢野　唯一無二ですね（笑）。いろんなパン屋さんのパンが食べられる楽しみもありますし、非常時の保存食にもなります。

■最後の最後に地元桐生市で冷凍倉庫が見つかった

柴崎　冷凍パンですから、いろいろと設備や技術面の苦労とかあったのではないですか？

矢野　パンを保管しておく大きな冷凍倉庫が見つかるまで大変でした。ところが、桐生市のある社長が「うちの知人の倉庫が空いているよ」と言ってくれたのです。地元のネットワークはすごいですね。

柴崎　それは灯台下暗しみたいな話ですね。ところで、お客さんはどうやって集めたのですか？

矢野　紹介が多いですね。また、最近はネット広告で全国の企業から問い合わせが来ています。冷凍の商品ですから、冷凍指定の宅配で全国に送ることが可能です。

■群馬県は粉文化、だからこその冷凍パン

柴崎　群馬県は粉文化だといわれていますよね。

矢野　そうなのです。粉文化＝パンです。実は、パンの市場規模ですが、マーケットが伸びていて、これから可能性が拡大していきそうなのです。私もいろんなパン屋さんを研究のために巡って歩いて、パンが最近好きになりました（笑）。

柴崎　えっ！　元々矢野さんはあんまりパンが好きじゃなかったのですか？　意外ですね。

矢野　はい……。群馬県で成功するビジネスモデルというか50～100年続けていけるものは何か考えたら、たまたま粉文化のパンだったのです。元々パンは日持ちしない商品ですが、冷凍パンだと大丈夫、つまりこれがいわゆる「ブルーオーシャン」だったのです。ふつうのパンであれば、大手の流通網にかないませんが、冷凍パンであれば勝負ができると思ったのです。

柴崎　資金的な面ではどうでしたか？　素人でしかもパンがあまり好きじゃない（笑）。矢野さんに銀行は資金を貸してくれましたか？

ベーシックデザイン

矢野　いろいろ大変でした（笑）。ただ、今株主になってくれている方が理解者で、「どこにもないものが面白い！」と言ってくれて、「40年前の日本酒の流通構造と似ている」とも……。

柴崎　なるほど、昔は大手酒造メーカーが独占状態でしたが、今は全国の小さな蔵元からいろんな日本酒が市場に出回っていますからね。純米酒ブームかな？

矢野　そうです、純米酒ですね。それと同じように、小さなパン屋のおいしいパンを冷凍だと全国に届けることができるわけです。

柴崎　まさに世に出るタイミングを矢野さんがつくったわけですね。

■オーダーメードパンの販売も好調

柴崎　これからの展望について何か考えはありますか？

矢野　二つありまして、一つは、事業を通していろんなパンを増やして、小さなパン屋さんをお客さんに知ってもらいたいということ。もう一つは、未来的な食べ物としてのパンをオーダーメードで客に届けたい。オートメーション化したパンではなく、パーソナライズされたパン、たとえば塩分や糖分を落としたパンでダイエットができるとか、健常者だけのパンではなく、これまで食べられなかった人にもパンを楽しんでもらえるようにしたいのです。
柴崎　オーダーメードパンですね。
矢野　資金はネットで募って目標の3倍以上が集まりましたので、これからどんどんいろんなパンを用意して皆さんに届けたいと思っています。

■桐生市には独創的な人が多い

柴崎　矢野さんのこれからの夢は何ですか？
矢野　魅力ある仕事を地方にもつくりたいですね。都会に出なくても、群馬にいてそういう仕事ができるようにしたいと思っています。言い換えれば、シリコンバレーのようなものを私の入っている経営者の会でつくりたい。桐生市には新しいことに挑戦する人が多いと思います。日本でも有数の個人事業主の集まりかも？　まさに独創的な人たちです。最近の桐生市は夜、面白い店が多くて、にぎわっています。旧い町並みの昔からの建物で、おいしいものが食べられます。
柴崎　ぜひ行ってみたいですね。ありがとうございました。

Vol.11

写真は考えることが仕事

写真の仕事は良い機材があれば良いというものではない。大川氏は、「気持ち」を捉えることにこだわり、時にはカメラを置いて何十分も相手と話をして気持ちをほぐす。センスだけでなく、ちゃんとお客さまの気持ちを捉えるために考える仕事が、カメラマンの仕事であるのだ。

カメラマン　株式会社 so happy
HP[https://www.so-happy-w.com]
大川《おおかわ》　渉《わたる》氏

プロフィール

写真事務所「so happy」を主宰。群馬を中心に幼稚園や保育園、ベビーや七五三、お宮参りや、広告の撮影などをしている写真家。また、教員、企業、学生、子どもたちの未来を支えるアカデミー「on Academy」の指導者。

■カメラマンは「考える」仕事

柴崎　どんな経緯でカメラマンになったのですか？

大川　元々はサラリーマンをしていまして、30歳で何か自分でやりたいと考えている時期に、写真が好きで憧れていたのでカメラマンになりました。あとは、自分の結婚式の写真にあまり納得がいかなかったんです。それを自分なりに改善できないかと思い……、結婚して子どもができたので娘の成長の姿を自分で撮りたいという欲求も後押ししました。ただ、最近は機材の質が上がっているので、腕自体はプロとアマでは差が出にくいです。だからこそ、自分ならライティングに力を入れようと工夫したりしていました。

柴崎　それはどういうことですか？

大川　簡単に言えば、「センス」に「考える作業」を加えたものです。良い機材で撮影してプロだと言えば通用するのでしょうが、それで「本物」がどれだけいるのか？　私は依頼された撮影に１００パーセント応えられるのがプロだと思いました。

柴崎　そうか、写真館の都合で撮影するのではなく、親の思いを考えて子どもの姿を写真で残すということですね？

大川　その通りです。いろいろと統計とか資料を調べて分かった上で撮影するのとそうではないのとでは、写真の出来が違うことに気が付いたのです。

■撮影の技術を母親に伝え、母親から気持ちを学ぶ

柴崎　その流れで「ママカメラ部」になるわけですね？

大川　そうです。本来子どもの写真を一番近くでたくさん撮るのは母親なのです。カメラマンがこんなことを言うのは変ですが、母親はプロでは撮れない写真を撮ることができるんです。だから、カメラマンとして撮影するだけではなく、母親に技術を教え、子どもの最高の写真を撮ってほしい、という思いでやっています。カメラの使い方から始めて、何をどう撮るのか、表情やしぐさ、そして背景はどうするか、テーマを決めて撮影するために、自分で考えてから撮っていくのです。

柴崎　なるほど、プロでは撮れない子どもの表情を母親は撮れるということですね。だから母親にプロの技術を教える……ということなのですね。

大川　私はそれが写真の価値を伝えていく上でとても大切な部分だと考えています。写真を残すということだけでなく、文化や儀式のありがたさ、たとえば「七五三」の撮影では、なぜこの日に記念の写真を撮るのか？　という歴史や親の気持ちを考えて撮影しています。日本の伝統の理解などをベースに、自分のテーマで写真撮影をすれば、また違ったものが撮れるのではないでしょうか。

柴崎　そこまで考えていくと、写真だけでなく、人間の感謝の気持ちや大切な言葉もアルバムに入れたくなりますね。

大川　はい、カメラマンというのは自分の思い通りにならない難しい仕事だと思うのです。仕事としてやってみて初めて分かりましたが、笑顔の写真が撮りたいのに子どもが嫌がって逃げてしまったりするのがとても大変です。そんな時、早く仕事を終わらせるのではなく、まずカメラを置いて、その子と話をして時間をかけて気分をほぐして気持ちを少しずつノセていくんです。ほぐれてきたら、そこでちょっとずついろんな表情を撮っていく……。無理に説得したらいろんな表情は撮れないのです。

■子どもの気持ちを写真で撮る手法とは？

柴崎　何か子どもの撮影の仕事で思い出深いエピソードって、ありますか？

大川　「スマイルプロジェクト」という、幼稚園・保育園の日常の姿を親に届ける仕事がありました。その中に下半身まひの子がいまして、他の子は笑顔で写っているのですが、その子だけ笑っていないんです。そしたら、母親から、

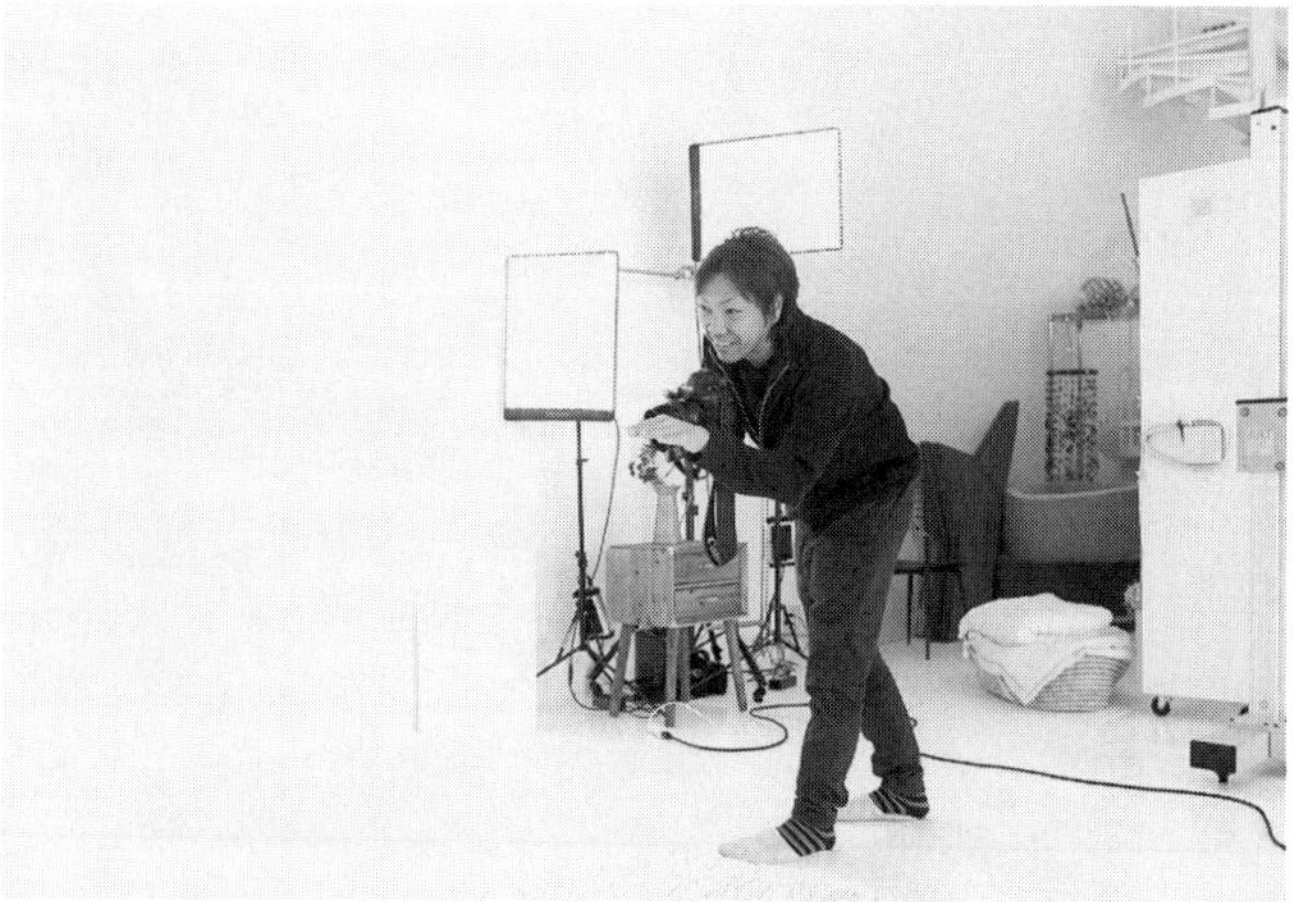

うちの子の笑顔が見てみたいと言われて。早速保育園に行って撮影を始めたのですが、やはりなかなか笑ってくれない。だから一度カメラを置いて、その子と話をしました。少しずつ慣れてきた頃に、「内緒なんだけど、お母さんが、保育園で笑顔でいるか、君のことをすごく心配してるんだ。だから笑顔の写真を撮りたい」と伝えたら、少し照れくさそうに、笑ってくれたんです。その写真を見た家族からお礼のメールをもらって、すごく嬉しかったですね。自分の写真で他人の心を動かせるんだ、と。

■写真は「本質を捉える」仕事

柴崎　大川さんはカメラマンに一番必要な資質は何だと思いますか?

大川　カメラマンは、ただシャッターを押す仕事ではありません。重要なのは、機材の質ではなく、ちゃんと本質を捉えることだと思います。何で撮るかではなく、何

のために写真を撮るのか、を大切にしてほしいです。

Vol.12

夢中は努力に勝る

起業を決意してから、6年かかって会社を軌道に乗せた。ネット時代だが、常にアンテナを張り、お店に信頼される結果を出すことと、ユーザーが喜ぶ情報発信を心掛ける。

株式会社群馬イートレンド
HP[https://www.g-e-t.co.jp]
柴田《しばた》　博光《ひろみつ》氏

プロフィール

ITバブル時代の2000年、28歳の時にスタートアップ。群馬のグルメ・タウン情報サイト「だんべー.com」は群馬県内の飲食店や美容室、リラクゼーションサロンなどの情報が検索、予約できる情報サイトで、利用者に信頼されて今なお愛用されている。インターネットメディア事業、DTP事業、ウェブデザイン事業の３事業を展開し、地域に根ざしたサービスを提供している。

■エリアを絞り込み、深く掘り下げたHP作り

柴崎　柴田さんが独立されたのはいつになりますか？

柴田　ちょうど2000年、28歳の時です。ITバブルでいろんな会社が勃興している時代でした。そんな中で生き残りを図り、ネットビジネスだろうと人と人とのつながりを大事にし、お客さまに信頼されるために、とにかくgive&takeでお客さまが喜ぶことを何でも提案していくように心掛けました。

柴崎　お客さまが求めるものを提供し続けるということですね。

柴田　はい、うちの情報サイト「だんべー・com」の中にお店のHPを立ち上げて情報発信してもらうために、契約していただいたお店にお邪魔してお店側では気付かないPRポイント、魅力をわれわれが見つけて掘り下げて、ユーザーに紹介していくようにしました。

柴崎　競合が増えて行く中で、差別化はどうしたのですか？

柴田　コスパを高めるため、お店に対しては結果重視で作り込みをして、ユーザーに対しては使いやすさと最新情報の提供というバランスのとれた両輪で稼働していくように心掛けました。両輪がバランス良く走れば、それほど無理しなくても訴求効果を高めることが可能だと私は思っています。

柴崎　お店は宣伝効果で販売実績を上げて、お客さまは良い情報で賢い買い物ができるということですね？

柴田　はい、私は起業前は、ゲーム会社で業務用ゲームを宣伝・販促する仕事を担当していました。その前の部署では、ゲームセンターのマネージャーという経営に近い仕事も4年間やりました。そこを退職して、資本金400万円で今の会社を立ち上げました。小さい企業が大きな企業に勝つための営業戦略として、エリアを絞り込み深く掘り下げる仕事を心掛けたのです。

柴崎　なるほど……。前職の経験が生かされているわけですね。

■リストラの現場を見て退職、起業を決意

柴崎　いろいろな経験が独立後に生かされていますね。転職、独立のきっかけになったのは何ですか?

柴田　40歳を超えた先輩社員が窓際ルームに押し込められるというリストラがあり、週刊誌の記事などにもなったのですが、「これは手遅れにならないうちに退職して起業した方がいいぞ」と思いました。

柴崎　それからかなり苦労されたのですね？
柴田　会社の事業が軌道に乗るまで6年かかりました。35歳までに見切りを付けようと思っていましたが、幸い小さな努力の積み重ねで次第に手応えを感じるようになったのです。
柴崎　脱サラして、35歳までに決着を付ける覚悟のまさに「背水の陣」ですが、そういう「後がないぞ！」という覚悟で仕事に取り組んだ方がいいのでしょうね。ターニングポイントみたいなものもあったのですか？
柴田　5年目あたりから事業が伸びてきたのですが、これがターニングポイントで、「紹介が紹介を呼ぶ」ようになったのです。
　サラリーマン時代は週末に居酒屋で愚痴や文句を言う日々でしたが、独立したら、自分で考えて自分でやる仕事なので、誰にも文句も愚痴も言えません（笑）。当たり前ですが。やらされ仕事ではないからやりきれているという気がします。

■自由と義務

柴崎　IT関係の仕事ってブラックのイメージがありますが、柴田さんの会社はどうですか？
柴田　昔は365日朝8時から夜の12時まで働くこともありましたが、どこかに「楽しい」という感覚がありましたね。きっとサラリーマンだったら体力的にも精神的にもまいって病気になってしまうのでしょうが、自分の好きなことをしているので、無理だと思わないで楽しく仕事をしてしまうからでしょうね。「なんでこんなにやれるのだろう？　こんなに変われたのだろう？」と不思議で仕方ないです。ただ、今は特に残業している社員もいません。「言わない&管理しない自由主義の会社」です。自由の裏返しは義務ですので、自分の義務を果たしていればＯＫです。営業も原則直帰ＯＫで、もしかしたら会社という場所がなくても成り立つ会社なのかもしれません……幽霊会社ではないですけど（笑）。

柴崎　会社を媒体にして社員みんなが幸せを追求していけるわけですね。理想ですね、それ(笑)。会社の方針みたいなものはありますか？

柴田　はい、「群馬県の方と消費者の方に利便性と楽しみを提供するために本質の追求をすること」です。社員にはこのＤＮＡを刷り込ませているので、ブレないようになっています。群馬を軸にしているのは、欲を出して県外まで広げると、今の強みが一気に弱みにもなってしまうからです。他県では知名度がありませんし、長期戦になったら厳しいし、短期決戦で勝つというのも無理です。

■夢中は努力に勝る

柴崎　これから起業する人への助言みたいなものはありますか？

柴田　今でも月末に数字とにらめっこして手に脂汗が出て……と経営者ならではの苦労が続きます。でも、好きなことをやりなさい、好きな物を作りなさいと言いたいですね。将棋や卓球とか、

各界で活躍する若い子を見ていますと「夢中は努力に勝る」って気がします。会社だと主体的に動ける人材になれれば、周囲の人も自然に応援してくれるのだと思います。

柴崎　塾でも永遠の課題があって、「教えなくても生徒が自分で学べるようにしていくこと」なんですよ。たくさんのヒントもいただきました。ありがとうございました。

Vol.13

目の前のお客さまと深く向き合うことが差別化となる

どういう不動産が高い価値を持つか、差別化を考えたら「駅近」だった。しかし、単に売買の仲介をするだけでなく、自分たちにしかできないことを考え、行動し続けることが大事だと考える。

駅近マンション専門館
HP[https://www.ekichika-mansion.com]

株式会社　武屋
代表取締役
武《たけ》　徹二郎《てつじろう》氏

プロフィール

桐生市出身。趣味はサッカー・フットサル・ジム通い・読書。座右の銘は「自分らしいかどうか」

マンションのプロを自負。より良い価値をつくり続けて、高崎の発展と自身の成長につなげたい。

■駅近を前面に出して差別化

柴崎　武さんは、いつから不動産関係に就かれているのですか？
武　はい、20代前半に不動産業界に入り、ようやく10年以上経ちました。元々は飲食店で働いていましたが、営業の仕事がしたくて25歳から28歳まで働き、独立して高崎市に開業しました。
柴崎　不動産業界は参入障壁が低いですよね？　どうやって差別化しているのですか？
武　まず「駅近マンション専門館」と、店の名前を分かりやすくし、内容もマンションに特化することで差別化をしています。

■顧客との長期的な関係

柴崎　全国大手不動産チェーンもある中で、信用してもらって生き残るのは大変なことでしょう？
武　人と人の、対面営業を重視しつつ販売実績を積み上げて信用を高めてきました。一つ一つの問題をとにかくスピーディーに解決し続けていたら結果がついてきました。
柴崎　不動産という仕事が、武さんに合っていたのでしょうね。
武　性格はせっかちなのですが、不動産の仕事をやってみたら合っていた……そんな感じですね（笑）。「好き」というより、「上手くできる」という感覚です。不動産屋は物件の仕入れが大変なので、「いかに物件を売りたい人を集客するか」に尽きますね。

柴崎　何人くらいで経営されているのですか？

武　現在、私を含めて6人です。人を増やすことより、顧客との継続的な関係を築くことで安定経営を目指しています。できるだけ少数精鋭でやります。

柴崎　高崎市の不動産事情はどうなのですか？　最近マンションが増えたような気がしますけど。

武　起業当時からすると10棟くらい増えましたね。また大きいマンションが建設中ですし、価格が落ちにくくなっています。

柴崎　なるほど。高崎市のマンションは地元の人だけでなく、東京に新幹線で通勤する人も買うから値が下がらないのでしょうね。

武　だからこそ駅近マンションに高い価値もあるわけです。それゆえに今後大手や他社の参入も考えられますが、市場にとってはよい刺激だと思いますし、顧客満足を探求できるいいきっかけと促えます。

柴崎　会社の企業理念はありますか？

武　「より良い価値をつくって社会貢献する」ことです。お客さまの求めているものを早くキャッチして提供する。また、他社とは違うメリットとして、いわゆるジョイントベンチャーといいますが、「引っ越しのサカイ」と提携しました。どんどん新しいサービスを提供していきたいのです。

柴崎　これからのビジネスのビジョンについて教えてください。

武　ビジョンというのは正直なくて、いつかこの不動産のスタイルをFC化できたらいいなと思っていますが何より目の前の課題をクリアしていくことに尽きます。

■不動産は人生最大の買い物

柴崎　不動産業のいいところはなんですか？

武　「自分次第で時間を味方にできる」ことです。「段取り力」と呼んでいますが、段取り＝準備です。自分の準備次第で結果が大きく変わります。そして準備は「愛」と考えています。完璧な準備はお客さまやスタッフ、その他全ての人への想いの強さ。会っていないときにどれだけその人を想って、準備しておくか。これでもかつてほどの準備をしていれば、反省はあっても後悔はありませんので。

柴崎　自分が何かしてあげられると思ってお客さまを観

察することが大事なのですね。不動産の仕事にはいろんな魅力がありそうですね。

■10年後の価値まで分かる査定書

柴崎　売れる物件の特徴ってありますか？

武　駅近マンションに永住する人は少ないですね。何かあれば貸したり売ったりすることを常に考えています。売れる物件は駅から7分圏内が多いです。高齢化社会のため、エレベーター付きの低層階が人気だったりします。若い人は高層階ですね。タワーマンションなら上の階が人気です。また、古くても最上階は値が下がりにくいです。

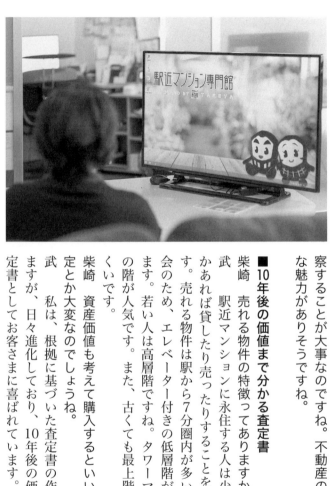

柴崎　資産価値も考えて購入するといいわけですね。査定とか大変なのでしょうね。

武　私は、根拠に基づいた査定書の作成を心掛けていますが、日々進化しており、10年後の価値まで分かる査定書としてお客さまに喜ばれています。今後も改良して

いきたいと思います。
柴崎　売る側は高く売りたいし、買う側は安く買いたい、適正価格というのが難しい。資産価値を見極めていかないと続かない仕事ですね。不動産業を目指す方にアドバイスをお願いします。
武　不動産業＝「準備」の仕事と考えています。大きなことより小さなことの積み重ね。決して派手ではありませんが、人への想いの強さが結果に表れる非常に分かりやすい仕事ですよ。

Vol.14

自分が幸せでない人間に、他の誰かに幸せを届けることなどできない

やんちゃさを個性に変え、スキルアップを図り、日本全国の青少年の更正保護活動にも力を入れています。会議で灰皿が飛んでもその後の打ち上げでは和気あいあい……。ヤマトリフォームの魅力と強さに迫る。

ヤマトリフォーム株式会社
HP[http://yamato-gunma.com]

代表取締役
登丸《とまる》 賢美《よしみ》氏

プロフィール

元暴走族でラガーマンだった登丸賢美氏は、祖父の遺伝子である塗装業を受け継ぎ22歳で起業。大手の下請けを嫌い、独自の塗装技術を整え、やんちゃな社員を束ねた最強軍団をつくり上げた。将来は全国から保護観察中の青少年を受け入れることが夢。そのために事業を大きくしたいと話す。

■規模でも質でも群馬で一番になりたい

柴崎　どういう経緯で始めたのですか？　職人というか人材はどうしているのですか？

登丸　祖父がペンキ屋をやっていたのですが、同じ仕事を私が継承したという形です。10代で結婚して食べていくためにこの仕事を始めました。埼玉県から群馬県に戻ったのは25歳で、その後、青年会議所に入って仲間の大切さを知り、自分が変わりました。

　職人を使う大変さを皆さんと共有できて、それを乗り越えて規模的にも質的にも群馬で一番になろうということで頑張っています。人材では、職人だけでなく、保護観察処分を受けた少年少女を雇用して一緒に働いています。

柴崎　そういう子たちというのは、素直ではなかったり、なかなか言うことを聞かなかったりするのではないですか？

登丸　私も元ラガーマンで総合格闘技もやっていたので、ボスザルみたいな感じかな（笑）。寮もありますし、やる気になったら彼らは普通の人より頑張りますよ。

柴崎　登丸さんが彼らを預かる、きっかけみたいなものは何だったのですか？

登丸　中学の時の担任が保護観察処分中の教え子をいろんな企業に紹介したのですが、40社くらい断られて、最後に私のところを頼ってきたんです。

柴崎　仕事の時とかオフの時とか、実際どういう雰囲気なのですか？

登丸　うちはミスや失敗には怒りませんが、態度や礼儀を大事にしていますので、それがきっか

けで口論になることは多いですね（笑）。でも、誰も辞めないし、腹に溜めず後腐れないですよ。
柴崎　それっていいなあ!!　かっこいい!!
登丸　うちのモットーは「日本で一番塗装を楽しむ会社」です。自分が幸せでない人間に、他の誰かに幸せを届けることなどできないという考えがあるので、社員それぞれの幸せを大切にしています。あとは、「お客さまの家を、嫁の実家だと思ってやる」というのもあります。嫁の実家って一番丁寧に仕事をするじゃないですか。
柴崎　確かに（笑）。良い雰囲気なのが伝わってきます。

■「かっこいい大人」とは？

柴崎　登丸さんが高崎に戻ってきて、何か大きく役立ったものを教えてもらえますか？
登丸　僕の周りの仲間は皆かっこよくて、自分もかっこいい大人になりたいと思いました。「屋台村プロジェクト」などを一緒にやりまして、資金集めなどすごく大変ですが、先人が作ってきたこの高崎市を未来の子どもたちのためにすごいかっこよくて元気で。自分がこんなことやりたいって言っても、否定しないで「よし、やってみろ!!」って言ってくれるのです。

柴崎　高崎のため、子どもたちのためって本当にかっこいいな、高崎の経営者たち……。あっ私もその一人か（笑）。

登丸　うすい学園さんは僕でも知っています!!　何かリフォームとか仕事があればお知らせくださいさい!!（笑）

■特殊塗装の技術で差別化

柴崎　ぜひぜひ、お願いします。さて、リフォームや塗装って大手もやっていて、結構ライバルが多いと思うのですが、差別化はどこでされていますか?

登丸　当社では、米国のステルス戦闘機の塗装に使われた熱交換塗装の使用権利を獲得していますが、これは日本ではうちだけだと思います。熱交換塗装というのは反射型塗装ともいわれ、25度以上になると熱を下げて、25度未満になると上げる、つまり熱を取り込む仕組みなのです。

柴崎　それは契約にかなりの資金はかかりそうですが、明確な差別化につながりますね。

登丸　はい、お金の問題は大きいですが、それをなんとかクリアして、自分たちだけにしかできない商品をお客さまに提供したい。そうすれば、我々も誇りをもって仕事ができるし、結果とし

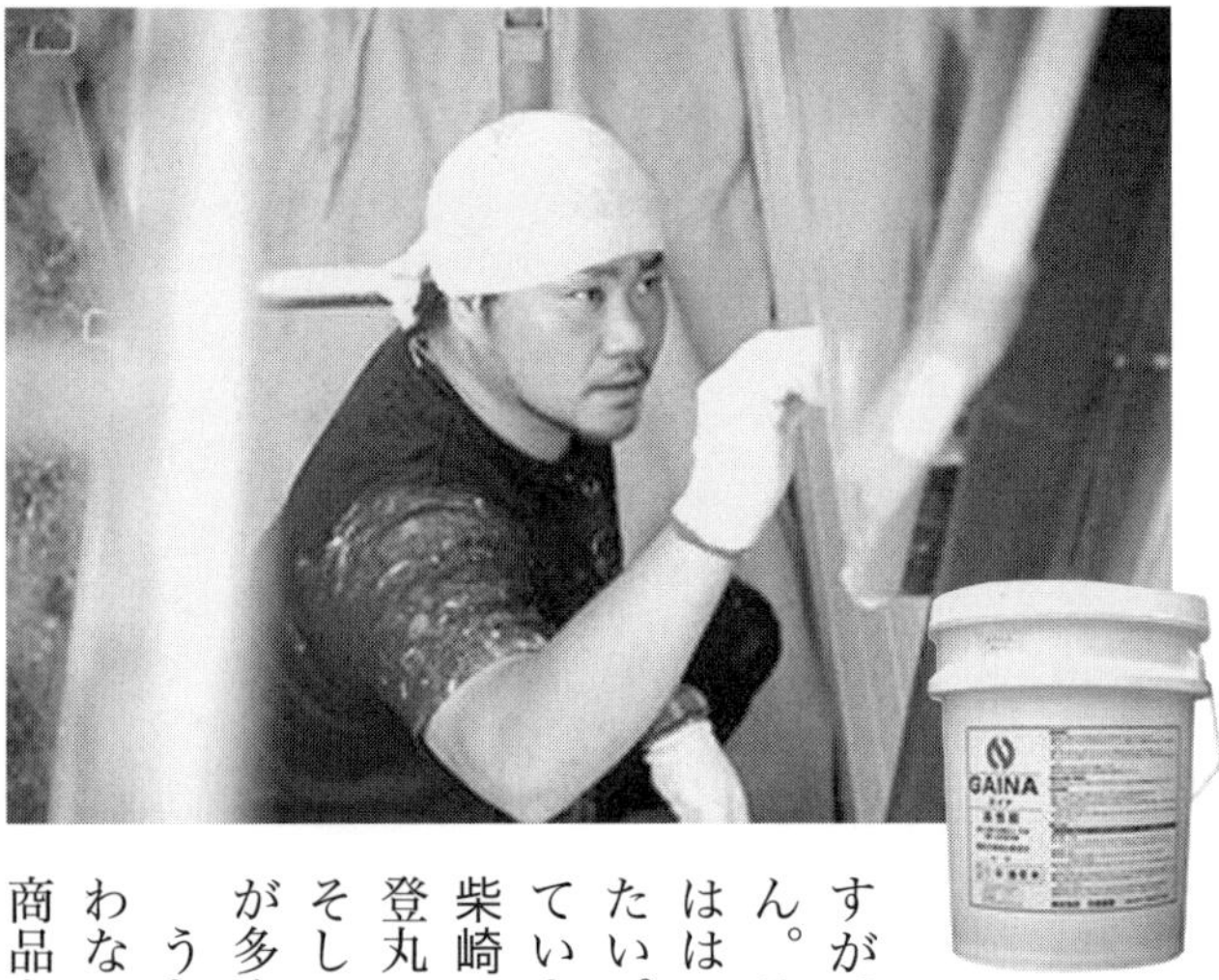

て差別化にもつながると思っています。

■仲間からの紹介がありがたい!!

柴崎　これからの方向性を聞かせてください。

登丸　社員も元暴走族だったり、不良だったりしますが、モラルといいますか、礼儀だけは他社に負けません。そして明るく元気な会社であり続けたい。まだ私たちははっきりした力はありませんが、ないなりに進んでいきたい。みんなから意見を聞いて、まずは社員50人を目指しています。人が育てば店舗も増やせますから。

柴崎　営業って誰がやっているのですか?

登丸　ほぼほぼ私だけです（笑）。口コミやチラシ、ＨＰ、そして仲間からの紹介ですが、最近は特に仲間からの紹介が多くて、ありがたいと思っています。

うちは大手の下請けはしませんし、行政の仕事も請け負わないでやっています。特殊塗料を武器として群馬発信の商品を全国に届けるためには、全国の不良少年を鍛えて職人にしていけば、企業としての成長発展の可能性も高まると考えています。
柴崎　それは素晴らしい発想ですね。人手不足解消だけでなく、大手の仕事を奪い取れる可能性もありますね。しかも社会貢献もできる……。
登丸　エネルギーの専門家とも組んでLPガス部門も拡大して、社員から一人ずつ社長を出していきたい……、事業の拡大はそのためですね。

■全国の不良の更正を目指して!!

柴崎　登丸さん自身の夢というか目指すものは何ですか？
登丸　不良少年少女たちを何とかしてあげたい。少年鑑別所とか更正施設出身でも仕事をする楽しさを覚えた人は自分のスキルを上げようとするし、楽しく仕事をするために勉強が必要であると自覚して、先輩に学んだりするようになります。
その後、夢や希望を聞くと、いろんな目標が見えてきます。じゃあ、その実現に向かって何をどうすればよいか、一緒に考えてあげればいいのではないかと思っています。
また、私自身がスピーカー（伝道者）となって、全国で講演してもいいと思っています。元不良少年としての自分の生き様を話して、集まってきた不良たちに自分の背中を見せて「ついてくるか？」と……。
柴崎　それも、かっこいい!!

Vol.15

伝統を今に生かした家造り

工業デザインを学んだズゴーラ氏は、27歳の時に来日し、大工の親方に弟子入り。３年間の厳しい修業の後、いろいろな人とのコラボで、１００％国産材料で注文住宅造りを手掛けている。魅力的な民家とは何か？　大工という造り手にとって、お客さまとの大事な関係性とは何か？　日本人同士では分からない日本文化の深みが見えてくる。

KOYANE 建設

HP[https://susmaga.team-sustina.jp/foreigner_2/]

アダム・ズゴーラ氏

プロフィール

カナダ出身。カナダの大学で工業デザインを専攻、その中で日本の伝統建築に興味を持ち、2003年に来日。勉強が目的の短期を予定していたが、自ら大工職人の仕事に携わりたいと思い、とある職人さんの下に弟子入り、そのまま日本に住む。現在は、自身が代表を務める『KOYANE建設』と並行で、「自然素材の住まいと暮らしづくり」を提案する長野のアーティスト集団『アトリエDEF』のメンバーとしても、さまざまな活動に従事する。

■工業デザイナーから大工へ

柴崎　どちらの出身ですか？
ズゴーラ　カナダのオタワ近くのカナタという小さな町の出身です。夏は30℃くらいで冬はかなり寒いです。
柴崎　北海道みたいな気候ですかね。いつ頃、日本に来たのですか？
ズゴーラ　27歳の時からで、約15年になります。
柴崎　大学卒業後ですね。大学ではどんな勉強をしていたのですか？
ズゴーラ　工業デザイン、施設の内装を設計する仕事です。人の動線を考えてレイアウトします。また、工場で大量に造る製品の使いやすさや安全性を高めることもします。生産された商品の質を高める努力をすれば、商品としてよく売れるからです。
柴崎　そんなズゴーラさんがどうして日本に来ようと思ったのですか？
ズゴーラ　雑誌など見て、日本建築になんとなく興味を持ちました。日本の障子や畳などクリエーティブで合理的な仕様が好きで……、ある一定の基準で統一されていて、心が落ち着く美がありました。瓦屋根とかも素敵ですよね。
柴崎　工業デザインとはまた違う分野ですね。
自分がやってきた勉強とは違う分野を日本に来て学ぼうとしたわけですか？
ズゴーラ　カナダの建築デザインに和風のものを取り入れたいと思って勉強しに来たのです。その国の文化を生で体験しないと、そのスタイルも分からないですよね。事実、来てみたら、いろいろと自分の感覚が変わりました。

柴崎　感覚が変わったというのは、たとえば、どういうものですか？

ズゴーラ　道具の使い方とか、釘を一本も使わない木と木の接合の仕方とか、ちゃんとした形になるまでの工程に大変興味を持ちました。カナダにいては分からないことばかりでした。

■弟子入りでノコギリ2本購入

柴崎　それで、設計士ではなく、大工になろうとしたのはどうしてですか？

ズゴーラ　大工の勉強をしないと、どうしてこういう形になるのかということが分からないからです。道具をこう使ってこうなるのだと……。でも簡単に使える道具ではないので、時間がかかりましたね。

柴崎　何年くらい修業したのですか？

ズゴーラ　3年です。親方は優しいけど仕事には厳しい人で、とても大切な経験でした。最初は「無理だ」と言われました。当たり前ですよね、日本の若い人でも難しいのに外国人が突然現れて「弟子にしてくれ」なんて（笑）。私という外国人が日本の大工という仕事を学びたいということについて、親方が興味を持ってくれて、少しずつ認めてくれたのかもしれません。ある時「ノコギリを買いに行こう」と親方が言ってくれて、一緒に買いに行きました。1万5000円のノ

コギリを2本買いました。安くない道具です。親方は、「これから修業で使う道具だ」という意味で、一緒に買いに行ってくれたのだと思います。私は帰りの車の中で、これからの自分の人生をよく考えたのを覚えています。

■不満こそが修業には大切

柴崎　それで決意して日本にずっといることになったわけですね。修業は簡単ではなかったでしょう？

ズゴーラ　親方は簡単にできるのに、私はまねしてちゃんとやったつもりでもできていない。その繰り返し。その不満がたまって嫌になるけど、それこそが大切。親方と同じになりたいから、もっとよく見るようになります。それがちゃんとした修業になっていくのです。

柴崎　それは素晴らしい考え方ですね。

■日本の民家には限りない魅力がある

柴崎　日本の家の魅力ってどんなところですか？

ズゴーラ　日本に来る前と来てからでは、私にとっての日本の家の魅力が変わりました。
　昔はお寺とか神社、茶室など細かい木組みのデザインが好きでしたが、日本に来てからは民家が好きになりました。形に理があり、造りにムラがなく、気候風土や生活に合った造りです。見れば見るほど民家の魅力はいろいろと尽きません。
柴崎　日本に来てから何か変わりましたか？
ズゴーラ　私の感覚が変わりました。自分で良いものを造ればそれでいいと思っていましたが、それはお客さまのニーズ、求めるものとは違うものだと分かったのです。大工によって考えは違うのでしょうが、注文したお客さまの大好きなものを造ることが大事だと今の私は思っています。

■大工という歴史を紡いでいきたい

柴崎　この先も日本にいますか？

ズゴーラ　そうですね。まだまだ学ぶことはたくさんありますから。それに、日本にいると自分の腕より良い建築物がたくさん見られるので、それが自分にとってもプラスになります。

柴崎　これからはどうしたいと思いますか？

ズゴーラ　何百年と続いてきた日本の大工という仕事を次の世代につなげたいです。親方から教わった昔の人の知恵ややり方を、自分で終わらせてしまったらもったいないです。ですから、親方の経験を私が引き継ぎ、私の経験もまた次の世代に渡し、何世代も先まで途切れないようにしたい。家だけでなく、家具や建具など、職人の技術で作られたものは本当に素晴らしいですよ。現在では工場で効率的に作られた安価なものが出回り、壊れたらすぐに買い直す時代です。便利かもしれませんが、職人の魂がなくなってしまいました。良いものは大切にすればずっと使うことができます。こういった日本の素晴らしい技術を見直し、皆さんに知ってほしいと思っています。

柴崎　若い人たちにもどんどん伝わっていってほしいですね。

Vol.16

動物がどう感じているか理解できる人間になってほしい

群馬サファリパークは全国で有数の個体数の多さを誇る群れ飼育の巨大施設ですが、そこで働く獣医はたった3人。虫や動物が好きで、獣医になった中川氏は、実習で訪れたサファリパークの魅力にとりつかれて働くようになった。動物の診察や治療の難しさ、動物と触れ合うことの大切さなどについて語っていただいた。

群馬サファリパーク
HP[http://safari.co.jp]
中川真梨子《なかがわまりこ》氏

プロフィール

福岡県北九州市出身。獣医歴は7年、群馬サファリパークで働き始めて約3年。群れ飼育をしている同園では、早く群れに戻すことを念頭に置いて、飼育員と治療方針を検討する場合も多い。獣医と飼育員の連携が必要不可欠だと語る。

■祖母の田舎で虫や動物と触れ合った

柴崎　なぜ獣医になろうとしたのですか？

中川　祖母の田舎に遊びに行って、昆虫や動物と触れ合うことが好きでした。カエルやサンショウウオの卵を観察したり、飼っていた犬が亡くなり「こうしてあげたかった」とか考えたり……。サンショウウオの卵の場所が埋め立てられてしまった時は悲しかったですね。

柴崎　獣医になるといろいろな勤務先があると思いますが、どうしてサファリパークだったのですか？

中川　実習で動物病院だけでなくサファリパークにも行ったことで、ここで働きたいと思うようになりました。ライオンや象など危険動物も含めて種類は多いので大変ですが、野生動物が好きなので面白いかなと思ったのです。

■動物の診察や治療にはタイミングが大事

柴崎　動物病院だとそれほど危険じゃないけれども、サファリパークでライオンの診察や治療というと命に関わる仕事でしょう？　それでも怖くない？

中川　いえ怖いです。ですから猛獣の診察や治療の際には、麻酔も使用します。飼育担当者からの指示でタイミングをみながら、万一の逃げ道を確保しながらの仕事になります（笑）。特に野生動物にはけがを隠す習性があり、また頭が良くて人間を見て動いているので、ちょっとした変化を見逃さない観察力が求められます。肉食動物に比べて草食動物は見分けが難しいです。ライオンの個体は30〜40体いますが、顔と名前の区別が付きます。

■動物たちにも人間と同じようなストレスがある?!

柴崎　動物から学んだことって何かありますか?

中川　ベテランの飼育員は、動物の機嫌が良いとか悪いとかの見分けができるのですが、私はまだそこまでの領域には至っていません。同じように動物と接することができたらいいなと思って頑張っています。

いま獣医は園長と私を含めて3人ですが、約100種1000頭羽の飼育を全員で連携し、「群れ飼育」に取り組んでいます。

柴崎　おりで動物を飼う動物園と群れで飼育するサファリパークと、どちらが動物にストレスがないんでしょう?

中川　群れ落ちなどありますから、群れ飼育の方がストレスが多いかもしれません。ですが、動物園にはない広い環境がサファリパークにはあるので、それを生かした飼育を心掛けています。

柴崎　群れだとオス同士の戦いみたいなものがよくあるでしょう?

中川　なわばり争いやメスの奪い合いなど、オス同士のストレスはあるでしょうね。そうした流れを群れ飼育の中で見極め、個体それぞれの様子を観察し、飼育員と協力し、タイミング良く診

察や治療をしていくようにしたいと思っています。

柴崎　中川さんがサファリパークで働くやりがいについて教えてください。

中川　動物を治療して群れに戻して元気に仲間と動き回る姿を見たり、繁殖に成功したりした時がうれしいですね。特に日本では事例が少ない象の出産に立ち会い、誰よりも先にそれを見ることができるのが幸せです。

■サファリパークの特色とは？

柴崎　群馬サファリパークの特色について教えてください。

中川　日本ゾーンというのがあります。ここのサル山には緑の草樹があり、全国的にも珍しいものだと思います。

動物園でのサル山の管理は難しいものがありますが、サル山のサルたちが自由に生活していると、見に来た人たちにとっては、より面白いと思います。

単なる放し飼いではありません。サファリパークには

広い土地があるので、それだけ飼育の工夫が生かされるわけです。動物同士、そして動物と人間が一緒にいる空間がサファリパークにはあるということです。
柴崎　親子でサファリパークに来る方たちに、これはぜひ見てもらいたい、体験してもらいたいというものがありますか？
中川　子どもは動物に触れることが好きなので、やはりウサギとかモルモットが人気ですね。優しく触れ合って、動物のことが少しずつ分かってくるといいですね。

■人間も動物も命の重さは同じ

柴崎　ゾウの繁殖というのは難しいのですか？
中川　私が群馬サファリパークに入る前に日本で初めてアフリカゾウの繁殖に成功したそうですが、今はスマトラゾウの繁殖が期待されています。キーパー（飼育担当）の指摘が基本ですが、タイミングをみてホルモンチェックや採血など行うようにしています。とても大きな動物なので、キーパーを信用していますが、自分の逃げ道もちゃんと準備して臨むようにしています（笑）。

柴崎　そうですね……、つぶされちゃうと大変だから（笑）。ところで、中川さんの夢ってどんなことですか？

中川　サファリパークで働けることは夢が実現したようなものだと思いますが、そこで自分にできる限りのことを動物にしてあげたい。動物のけがや痛みを見つけて、できるだけ多くの動物を元気にしたり救ってあげたい。繁殖に関わって、大きなゾウとか繁殖が難しいといわれるサイの出産に立ち会いたい。そして、ゾウやサイ、猛獣の子どもを展示して皆さんに見てもらいたいと思っています。

柴崎　子どもたちに感じてほしいことって、どんなことでしょうか？

中川　どんな小さな動物でも人間と同じように生きていること、痛みをこらえたりストレスを感じながら群れの中で生きようとしていることを理解して、少しでも動物を大切にしたいという気持ちを養ってほしいと思います。人も動物も命の重さは同じです。また、動物がどう感じているか理解できる人間になっていけば、動物との接し方や感性も分かり、動物との触れ合いが一層面白くなるはずです。

柴崎　身近な虫や動物をこれから注意して見るようにします。勉強になりました。

Vol.17

ミニシアターの進化は止まらない

映画を地域と日常に根付かせ、地域のコミュニティー的存在を目指すシネマテークたかさき。ミニシアターの進化を止めないために日々思考する志尾睦子氏が、映画の役割と魅力を中心に語る。

シネマテークたかさき
HP[http://takasaki-cc.jp]

総支配人
志尾《しお》　睦子《むつこ》氏

プロフィール

高崎市出身。群馬県立女子大卒。子どもの頃、当時の映画館は暗くて、たばこ臭くて怖いイメージだった。そのイメージを改め、新たな観客を集める。多彩な映画祭の試みも地域の仲間と仕掛ける。シネマテークたかさき総支配人、高崎電気館、高崎フィルムコミッション運営にも携わる。

■映画の図書館

柴崎　シネマテークというのはどういう意味なのですか？

志尾　フランス語で「映画の図書館」という意味です。「シネマテークたかさき」は、「NPO法人たかさきコミュニティシネマ」が運営しています。

柴崎　映画に興味を持ったきっかけはどんなことだったのですか？

志尾　高崎市にはかつて東宝・東映・松竹などの映画館があって、娯楽といえば映画でした。私も映画館で高倉健主演の「南極物語」や西田敏行主演の「敦煌」を見て、内容には感動しましたが、映画館の暗さ、トイレやたばこの臭いで悪いイメージを持ってしまいました。その後、学生時代に夢を見つけられずに引きこもりになって、レンタルビデオで借りて見たり、免許を取ってからは太田市の映画館まで見に行ったりと、映画が私の生活スタイルにはまったのです。友人に勧められて見た「ウォール街」という映画は私に大きな影響を与えて、変な野心というか冒険心を湧かせてくれたのを覚えています。

■映画好きから高崎映画祭のスタッフに参加

柴崎　それで群馬県立女子大学時代に映画好きになったということですね？

志尾　ゼミで演劇について勉強していて、卒論の題材を映画に決めたのです。その後、先にスタッフになっていた友人との関係で高崎映画祭に関わることになったのですが、私以外はみんな映画マニアで詳しくて、それについていけず居心地が悪くなって……。
柴崎　レベルが違いすぎたということですね。
志尾　そのもどかしさで悔しくて、その場ではさも知っているフリをして、帰宅してから猛烈に調べて、というのを繰り返すうちに次第に楽しくなっていったのです。
柴崎　映画好きの人たちの中にどっぷり浸かって、映画関係のことが楽しくて仕方がなくなったわけですね。
志尾　はい。でも、映画を作るとか、出演するとかはできないと思ったので、それで、映画祭というものを使っていろんな映画を人に紹介していきたいと思ったのです。上映プログラムをつくることも一つの自己表現であると先輩たちに教えてもらいました。人はそれぞれ活躍の場があるというか、何かを人に届ける仕事も面白いと考えたのです。

■自分から手を挙げて映画館の支配人へ

柴崎　「シネマテークたかさき」ができたきっかけみたいなものは何だったのですか?
志尾　高崎市に映画館をつくるという話が出てきて、誰がやるのかという話になったとき、数年間高崎映画祭で中心的な仕事をしてきたので、「私がやります!」と手を挙げたんです。
柴崎　何歳くらいでしたか?
志尾　27〜28歳です。同年代の仲間4人と一緒に仕事をしてまた新たな発見があったり、仲間と

仕事をするってこんなに楽しいのだと思ったり、何があっても失敗する気がしない楽しさがありました。

■昔の娯楽を取り戻せる場所

柴崎　お客さんはどのような年代が多いのですか？

志尾　客層は年配の方が多いですね。映画が一番の娯楽だった世代、60代の方ですね、必死に働いていて見たくても見られなかった映画が、ここで見ることができる、シネマテークが昔の娯楽を取り戻せる場所になるのです。また若い方もずっと通い続けてくれているケースもあります。若い方も作品によりますが少しずつ増えていますし、大きな映画館ではなくミニシアターが好きだという方も増えています。

■映画と町の再生のモデルケースへ……

柴崎　これから全国にどうやって発信していきますか？

志尾　少しずつ知名度が上がっています。映画と町の再

生のモデルケースとして、映画製作の支援もしたいですし、イベントの共催や協賛もしたいですし、別の地方にも同じようなものができればいいなとも思っています。そういう意味での発信基地的な存在であり続けたいですね。進化を止めないで進みたいです。全国展開できるビジネスモデルになる可能性もあり、ただ輝く存在になるだけでなく、大事な部分を壊さないようにふんばって取り組んでいきたいと思っています。

柴崎　ということは、これから県や企業との連携も必要ですし、映画館の運営だけでなくイベントの開催なども大事になっていきますね。

志尾　そうですね。どんな入り口でもいいと思います。子どもたちを映画製作の現場に呼ぶとか、映画を3日間でつくってみるという試みをしている団体もあります。そういう活動から学び、やってみたら意外性がたくさんあって参加者が楽しい経験をつくっていきたいですね。これだけスタッフと資金があればできるではなく、いろんな人を巻き込んで何かやっていくうちに面白いものができたという感じでいいのだと思います。

■上映プログラムで支配人の色が見える

柴崎　最後にミニシアターの良さって何だと志尾さんは思いますか？

志尾　非日常的空間といいますが、敷居は少し高いけれども入ってしまうと気持ちが落ち着く空間ですね。作品には自信があります。作品と心が一つになって、眠っていた心を揺り動かされる有意義な2時間になります。

柴崎　いわゆるインディーズとかもあるのですか？

志尾　インディーズも多いですね。自主制作で勢いのある若手監督の作品などは、将来的に見ておいてよかったと思うかもしれません。また世界各国の映画でとても見応えのあるものもあります。私たちの立場だと、事前に映画を見て、この作品を見た観客はどういう反応をするだろうとわくわくした気持ちになったりします。上映プログラムは支配人の色が見えるものでもあります。

Vol.18

群馬から音楽を発信していく！

仕事を終えて東京のライブ会場まで往復5時間、終わってまた戻って翌日も仕事。仕事と音楽活動を両立させつつ、ボランティア活動にも参加し、G-FREAK FACTORYは、全国のファンに音楽を届け、恩返しを続けている。

G-FREAK FACTORY
HP[https://g-freakfactory.com]
茂木《もてぎ》　洋晃《ひろあき》氏

プロフィール

安中市生まれ。群馬在住ロックバンド「G-FREAK FACTORY」のリーダー。日中は仕事をしつつ深夜車を飛ばしてライブへと向かう日々。群馬にこだわり、群馬とは何か？　群馬っぽい音楽とは何か？　群馬のロックは群馬以外で通用するのか？　ライブハウスと音楽イベントの新しいカタチを求めて走り続けるミュージシャン。

■米国留学から帰国して、群馬発ロックバンド

柴崎　音楽活動はいつ頃からですか？
茂木　１９９７年、24歳からです。子どものときから音楽が好きで、高校を卒業して４年間米国留学し、刺激を得て帰国しました。
柴崎　帰国して音楽……、って群馬県在住だとこれまた大変でしょう？
茂木　働きながら学ぶではなく、働きながら歌うみたいな感じで、平日は働いて週末は東京に行ってライブ活動とか学園祭で歌うという流れでした。
柴崎　ずっとジャンルはロックなのですか？
茂木　ジャンルは聞いた人たちが後から決めてくれればいいと思っているんです。ロックだろうが、レゲエだろうが、ハウス、ダンス……いろいろジャンルはありますが、子どものときに聞いて「いいなあ」と思うものって、ロックだから聞いたわけではなくて、聞いてたものがたまたまロックだったたっていうことですよね。発信する側になって、僕たちもそういう初期衝動になりたいという願望が生まれるようになりました。
柴崎　すごくかっこいいですね。なぜ群馬で活動されているのですか？
茂木　東京に出られたのかもしれませんが、僕たちは群馬在住にこだわったのです。
柴崎　それはどうしてですか？
茂木　半分くらい意地に近いですね。自分たちのルーツ、群馬にはりついていきたいという思い

があります。東京に出るという選択肢は全くなかったですね、なぜか。

■群馬でやってきた意地をみせたい

柴崎　ずっと原点から逃げなかったということですね。それにしても長いことイベントを続けていますよね。もう何年になりますか？

茂木　群馬のロックフェスティバルを20年やってきました。みんな東京のライブに行きますが、群馬だからこんなもんでいいということではなく、同じ質に高めて、自分たちの足跡を残したい。Ｇ－ＦＲＥＡＫ　ＦＡＣＴＯＲＹが群馬でやってきた意地っていいますか、だからこそこれができるんだよというメッセージをみんなに送りたいのです。

柴崎　群馬が大好きなのですね。そうなると、地元の仲間って大切ですよね。

茂木　地元でコケたら逃げ場がないというプレッシャーはいつも感じてやっていますが、本当にたくさんの人から勇気をもらってここまできました。今も安中会というのがありまして、１００人くらいで飲み会を断続的にやっています。情報交換会でもあり、交流会でもあり、いろんなテーマ、たとえば「空き家が増えたけどどうしようか」とか「少子化だけどどうしたらいい」とか、みんなで一緒に考えたりしています。また、これからも仲間からインスピレーションをもらって曲作りをしていきたいですね。

柴崎　群馬からのメッセージソングですね。

茂木　はい、ＳＮＳとかもやっていますが、やはり直接人と語り合うのがいいですね。たとえばブルースとかジャズとか、元々音楽というのはその土地その土地に根付いているものなのです。それで群馬の音って何かなって考えたときに、いつか群馬っぽい音楽はコレだ！というのができたらいいと思っています。

■「火の玉」になってやっていく

柴崎　ボランティア活動も熱心にしていますね。

茂木　震災の仮説住宅に車で灯油２４０リットルを届けたり、ゴミ袋を届けたりしました。少しずつですが支援活動に取り組んでいます。でも、物を届けに行っているつもりなのに、その都度自分が何かをもらって帰ってくるんです。今まで会った人たちと本当の人間の付き合いをしたいですね。

柴崎　こういった経験が曲作りにも影響していますか？

茂木　はい、歌詞やサウンドに反映されます。その経験があったからこそ書けることがありますから。胸を張って物を書きたいので、自分で経験したことを書きたいですね。

柴崎　音楽をやっていて楽しい、と思うことは何ですか？
茂木　世代を超えて音楽でつながれることです。ライブのお客さんはさまざまな世代の人がいます。私たちより年上の人たちも聞いてくれるのです。中には子どもを肩車してるファンもいて、そういうときはものすごくうれしいですよ。続けられるまで、「火の玉」になってやっていくつもりです。

■一日でも長く活動を続けたい

柴崎　これからどうしていきたいですか？
茂木　今の活動を一日でも長く続けたいですね。バンド仲間は少しずつ入れ替えはありますが、誰でも何かを考えながら生きているので、それを尊重して付き合っていきたいです。
柴崎　しかし、仕事と音楽活動とよくぞここまで両立できてきましたね。
茂木　午後5時半に会社を出て、東京のライブ会場まで車で往復5時間くらい、帰ってくるのは朝4時で睡眠削ってまた翌朝8時半には出社という連続ですが、私の考えでは、1日24時間あって、そのうち8時間仕事だったら、残りの16時間があって、睡眠8時間とってもまだ8時間あるじゃないかと。
柴崎　乱暴ではありますが（笑）、すてきな生き方ですね。
茂木　でも、その8時間の使い方で人間は変われると思うのです。ライブ活動をやり続けている人間の責任みたいなものに突き動かされて、仕事も音楽活動も守り続けていきたいですね。
柴崎　私もある時期、平日は東京で仕事して週末に戻ってきて塾の仕事をやっていたので、1年365日休み無しでした。

■大きな過去と小さな未来の狭間でもがく

茂木　それはすごいですね!!　柴崎先生に僕から質問してもよろしいですか？……今の子たちの教育ってどんな感じなのですか？
柴崎　できるだけ明るい未来を語り見せてあげて、勉強して可能性を広げてもらうようにしています。
茂木　私たちではなく子どもたちが未来をつくっていくのだという考え方のもとに教育をされているのですね。音楽も同じです。
柴崎　私たちの塾では、「未来への文化祭」というイベントをやるんです。高校生や大学生を呼んで、子どもたちに今自分がどんな夢を持っていて、どんなことを頑張っているか話してもらうんです。高校のことや大学のことや将来の夢とかですね。そうすると親も子どもも喜ぶし励みになるんです。子どもや親に「明るい未来を見せる」というのが使命だと思っています。
茂木　勉強になります。

Vol.19

誰でも山が楽しめるようなサポートを目指す

設備設計事務所の所長でもある梅澤氏は、土日を利用し冬はスキー、夏は山登りのツアーガイドを始めて、いつしかそれが本業になった。それほど梅澤氏をとりこにする山登りの魅力とは何か？　命を預かる仕事として責任もある中、山岳ツアーガイドを続けることの喜びと楽しさとは何か、意外な言葉がいくつも飛び出してくる。

ITREK
HP[https://www.itrek.ventures]
梅澤《うめざわ》　栄《さかえ》氏

プロフィール

山岳ガイドツアーを運営する株式会社ITREK（アイトレック）の代表取締役社長。公益社団法人　日本山岳ガイド協会。登山ガイドステージII、スキーガイドステージI。WILDERNESS ADVANCED FIRST AID（WAFA）。国内旅行業務取扱管理者、国内旅程管理主任者。

■平日は設計事務所、土日はツアーガイド

柴崎　梅澤さんはどちらのご出身ですか？
梅澤　生まれも育ちも前橋です。元々は設計事務所の所長です。ビルなどの空調や電気という建築設備を取り扱っています。
柴崎　いつから山に登るようになったのですか？
梅澤　平日働いて週末山へという生活でした。15〜16年前に縁あって草津のスキースクールで土日のツアーガイドを引き受けましたが、冬だけでした。しかし、いつの間にか夏も週末山に登っていて……、冬のために山筋や沢を偵察するためのものでしたが、結局、趣味ではなく仕事になっていました。

■山岳ツアーは「命を預かる仕事」

柴崎　それほど梅澤さんをとりこにする山の魅力って何ですか？
梅澤　冬山の雪景色は最高ですね。パウダースノーの中を滑り下りていく素晴らしさはなんともいえません。山登りで山頂に立って見る景色の素晴らしさは、苦労して登ったことを忘れさせてくれる美しさや感動、達成感があります。
柴崎　自分自身で克服した達成感もあるし、大変さを忘れさせてくれる絶景が山頂に待っていてくれるわけですね。

梅澤　ツアーガイドとしてのいろいろな責任はありますが、自分の楽しみもあるので、楽しく仕事ができるということになりますね。ただし、ツアー客の命を預かっていますので、無事に下山していつもほっとします。経験を積んで危険を予知できる力量がツアーガイドには求められます。

■引き返す勇気が大切

柴崎　今までで一番面白かったツアーってどんなものがありますか？

梅澤　ツアーには、日帰りも1泊や2泊もありますが、最も喜ばれたのは北アルプスのいわゆる表銀座の燕岳《つばくろだけ》ですね。標高2763mの長野県の山ですが、白い花崗岩に覆われていて、それがまるで雪のような姿なのです。山小屋も綺麗で、登るのに6～7時間かかりますが、お客さまの中には「長年の夢がかなった」と喜ぶ人がいたのを覚えています。

柴崎　山の天気は変わりやすいといわれますが、ツアーガイドとして気を付けていることはありますか？

梅澤　山登りの場合は、天候が急変したら途中であっても躊躇《ちゅうちょ》なく引き返す勇気が必要です。また、台風が迫っている時は天気予報など最新の情報をもとに早めに中止しなければなりませんが、台風一過で平地が晴れると「登れたじゃないか」と言われることもあります。しかし、山の天気は変わりやすく台風の後は山崩れなども起きやすいですし、道も危険ですから、お客さまの理解が欲しい時もありますね。

■ツアー客のレベルが上がっていくと、ツアー企画もお客さまも増えていく

柴崎　最初から順調だったわけではないですね？

梅澤　最初の1年半くらいは大変でした。3年半かかってここまできました。1～2年同じようなお客さまと一緒に山登りしていると次第に皆さんのレベルが上がって、ツアーの中身もレベルアップしていくのです。そうすると、あのツアーがいいよという口コミも広がって、お客さまも増えて、ツアーで登れる山も増えていくのです。

柴崎　ツアーはだいたい何人なのですか？

梅澤　4人から7人が多いですね。月8本企画して年間80～90本のツアーがあります。自分が行けない時は仲間のガイドにお願いします。お客さまの体調を見極めて、登り方や休憩の取り方を

臨機応変に決めて登ります。
また、天候などの影響で違うルートで登って景色がいまひとつでも、別の感動を与えられるように常に努力しています。

■無鉄砲な時代、最初の山は谷川岳

柴崎　梅澤さんが初心者の時に登った山はどこですか？
梅澤　たぶん……、谷川岳だったと思います。結構難しい山で、当時私は無鉄砲で「登っちゃえ」みたいな感じで、右も左も見えなくて（笑）。でも、尾根の美しさに感動したり樹林帯を抜け岩稜が見えた時に「登れて良かった」と思いました。
柴崎　初心者に対して梅澤さんからアドバイスはありますか？
梅澤　山登りは十人十色で、その人なりの山への期待も楽しみ方もあります。見た目の山の魅力だけにとらわれることなく、まずは身近な山からチャレンジして、できれば将来のプロセスや目標を決めて、計画的に少しずつレベルアップしてほしいですね。また、同じ山でも天候や時間によって全く景色が違ったりします。日本には四季があり、季節ごとに山の装いも違いますから、いろんな季節に登ってもいいと思います。

柴崎　私のような初心者向けの山岳ツアーがあったら教えてください。

Vol.20

一人一人の10年計画で人材育成

なにげなく見てきた美容院という職場で、究極の働き方改革が実行されていた。群馬県で一番働きたい美容院を目指して、竹内氏が取り組んでいるさまざまな内部改革や人材採用とは何か。

アルピナ
HP[http://alpina-beauty.com]
竹内《たけうち》　竜典《たつのり》氏

プロフィール

ヘアサロンを29歳で独立し、高崎・前橋に６店舗展開。いち早く店舗内に託児所を導入するなど、ニーズを先読みしたもてなしで好評を得ている。客とスタッフの両方が便利だと感じる店舗展開を心掛けている。群馬で一番働きたい美容院を目指し、雇用関係や給与、働きやすさなどを改善していくという。

■「休眠業種」の美容業界は、やり方一つで人材の宝庫?!

柴崎　美容院ってたくさんありますが、どうやって差別化しているのですか？

竹内　お客さまをリピーターにするために、全ての店舗に保育士常駐の託児所を完備しています。お客さまだけでなく、従業員も助かっているようです。

柴崎　なるほど「託児所」ですか！　結構経費がかかるでしょう？

竹内　経費はかかりますが、お客さまにうちの美容院を選んで来てもらえる大きな要因の一つになりますから。また、託児所があることで、結婚して子どもが生まれても職場復帰してくれる女性スタッフが増えたことが大きいと思っています。

柴崎　塾業界も人材不足ですが、美容院も即戦力が欲しいですよね。

竹内　そうです、若い母親は小さな子どもがいることで、働くことや外出することを諦めるケースがあるので、託児所で預かってくれるのはとてもありがたいことなのです。群馬では前例がなかったのですが、思い切って開設しました。

柴崎　小さな子どもがいたら、それに合わせて働く人、美容院を選んでお客として来る人がいる……。つまり不便感をなくすことで、人材不足を解消し、ニーズを広げることを実現したわけですね。すごいなあ!!

竹内　女性スタッフが多いのですが、そのキャリアを継続するために必要不可欠なものだと今では考えています。美容院のスタッフは戻りたくても戻れない「休眠業種」なのです。そういう人

材をもう一度世の中に出すためには、働き方改革としてハードルを下げるもの、つまり託児所が有効であったということです。

柴崎　そういう方ってどれくらいいらっしゃるのですか？

竹内　現在産休の人が6～7人います。そういう人たちに本来あるべき雇用について考えて準備すべきものを準備して、生かしていくことが新たなビジネスプランにつながると思っています。

柴崎　塾にも託児所が必要かな？　塾でも女性はとても大事な戦力なのですよ。伸びている会社はそういう形の働き方改革を問い続けているのでしょうね。

竹内　まず子育てを優先してもらって、一段落してから復帰して活躍してもらいたいと思っています。女性は子どもができると仕事より家庭優先になりますから、私たち経営者もそのバランスを尊重していかないと駄目だと思っています。

■「一人一人の10年計画」が大事

柴崎　美容師になろうと思ったのはいつ頃ですか？
竹内　中学の時、校則で丸坊主と決まっていたのが嫌で、自分でうまく切って坊主にならないようにしてました。その髪型が友人に好評で、友人の髪も切ってあげたらとても喜んでもらえて。父と母は食堂を経営していましたが、両親は私に「自分の好きなことをやっていい」と言ってくれていたので、そのまま美容師を目指すようになりました。
柴崎　美容師の修業って大変だったでしょう？
竹内　美容師の修業はまさに職人の世界なので、まず先輩の仕事を見て覚えないといけません。一人前になるのに5～6年ほどかかります。しかし、自分が経営者の立場になってからもっと合理的なスタッフ育成のしくみを考えて、最短2年でスタイリストとしてデビューさせたいと考えています。
柴崎　通常の半分になるわけですが、そのためには何が必要になるのでしょうか？
竹内　何が必要かと同時に、これまで当たり前だと思われていたことを壊したり見直したりしながら、実現していければいいなと思っています。
柴崎　それはどんなことですか？
竹内　「一人一人の10年計画」を作ってもらいます。何歳で結婚して、子どもを産んで復帰して……みたいな。そして会社からの10年計画も見せて、このくらいの歳にデビューして、スタイリ

ストになって……と。それぞれを刷り合わせていき、より具体的な働き方改革になればいいと思っています。
柴崎　それによってスタッフの活躍できる場が増えていきそうですね。特に若い世代に希望が広がりますね。
竹内　そうなんです「美容業界はこういうものだよ」と。過去の事例を若い人たちに押し付けず、常に次世代のために改革していくことが大事だと思っています。

■「群馬県で一番働きたくなる美容院」を目指したい

柴崎　竹内さんは美容院アルピナをどのような場所にしていきたいのですか？
竹内　お客さまにもスタッフにとっても、行く価値のある店です。アルピナに通っていること、働いていることを誇りにもてる、人が集まる場所にしたいです。それから、印象に残るサービスや接客をし、お客さまの要望に対してごまかさず居心地のいい対応をしようとスタッフ同士で確認し合って仕事をするようにしています。
柴崎　現在6店舗ですが、トップとしてどんなことが大変ですか？

竹内　アルピナ独自の姿勢をどうやって浸透させるかがまず大事ですね。そして、トップとしてそれをやりきることが必要です。仲良し倶楽部ではないので、好き嫌いが優先ではなく、接客で大事なことは何か、サービスをどう表現していくべきなのか、人間関係が壊れてしまわないように見定めつつスタッフと付き合っていきたいと思っています。

柴崎　美容師のやりがいって何でしょう？

竹内　対人の仕事なので、喜んでもらえることですね。こちらが好きなことをさせてもらってるのに、逆に「ありがとう」って言ってくれるんです。そんな素晴らしい職業なかなかないですよ。あとは経営者の立場になってからは、この間までシャンプーしかできなかったスタッフがお客さまから感謝されているのを見ると嬉しいですね。

柴崎　そうですよね、伸びる会社っていうのは、大人として仕事が楽しいよと言えることですね。家族の中で親が仕事して楽しいよと子どもに言えば、大人になる希望が湧くし、勉強する目的が見えてきますよね。

竹内　私も群馬県で一番働きたい美容院になりたいのです。そのために雇用関係の改善や給与の見直し、働き方改革などに今にも増して取り組みたいのです。そのために社員が理解しやすい方向性を示しつつ、一緒に働く仲間で一つ一つ課題をクリアしていきたいと思っています。

Vol.21

接客とは、心が売り上げをつくること

元国鉄で働いていた櫻井明氏は、洋服屋で成功した。いったいどんな経営なのか、発想の転換と苦労した経験値の生かし方で仕事の質も変わる。大赤字で経営危機に陥ったこともあるが、「勉強しなければ事業には成功しない」と思い、読書で知識を吸収し、仕事に取り組んだ。今でも「知識の引き出しは読書にある」と考えて、社員にも読書を奨励している。そこには、心と血が通う会社経営があった。

有限会社ハートマーケット
HP[http://heartmarket.co.jp]
櫻井《さくらい》　明《あきら》氏

プロフィール

1963年５月14日、群馬県安中市出身。小学校ではサッカー、水泳（市の新記録樹立）を、中学・高校では陸上部に所属し、インターハイにも出場。高校卒業後、国鉄に入社。その後23歳で独立。好きだったファッションの世界に足を踏み入れる。富岡市に「レイランド」を出店するも４カ月で閉店、その後ジーンズショップ「カーター」の店長を務め、売り上げを３倍に伸ばす。93年ハートマーケットを創業し、現在に至る。座右の銘は「一番好きな人と一番大好きなことをする」。

■「キラキラメール制度」とニックネーム

柴崎　ハートマーケットはすごい規模になってきましたね。

櫻井　婦人衣服小売業として、1993年に創業し、1995年前橋市に法人設立しました。年商は100億円以上で、2025年の売り上げ1000億円を目指しています。今のところ右肩上がりの経営です（笑）。

柴崎　現在、全国何店舗になりますか？　拡大できた一番の要因をお聞かせください。

櫻井　全国54店舗で、楽天ショップを入れて55店舗（取材当時）です。拡大できた要因の一つは、「売り上げ＝お客さまの笑顔」でしょうか。

■元国鉄の機関助手

柴崎　櫻井さんは元々何をしていたのですか？

櫻井　高校の頃はスポーツ好きでインターハイとか出ていましたが、その後日本国有鉄道（国鉄）の職員となり、機関助手をしていました。安定した職場だと思ったのですが、強く望んで入ったわけではなかったので4年で辞めました。

柴崎　そんな時代もありましたね……。辞めてから地元に戻ったのですか？

櫻井　洋服屋の仕事が元々大好きで、子ども時代に洋服を数万円自分で選んで買ってもらったりして、その後おしゃれ好きな学生になりまして、いわゆる遊び人みたいな感じで（笑）、当時はお金をかけた服を着て目立つのが好きでしたね。

23歳で服屋として独立したものの、全くノウハウがなくて、あらゆる勉強をしましたがうまくいきませんでした。当初の4カ月間はずっとビートルズを聞いて一日が終わるみたいな……。その後、ジーパンのお店にバイトで入り、そこではなぜかうまくいって繁盛店にしたんです。それで再び独立しました。お金儲けではなく自己実現のために仕事に取り組んでいました。

■「小学校みたいな会社」とは?

柴崎　アパレル会社の差別化って難しいでしょう?
櫻井　うちは小学校みたいな会社です(笑)。「学ぶこと」を大切にしています。一緒に学び、共有する環境がありますし、学んだ方が幸せになれるよという意識が社内に広がっています。そこが一番の他社との違いですね。
毎日のキラキラメール制度がありまして、「こうやって生きるといいよね」という400字くらいのテーマを自分が送り、それについて考えながら一日働こう、というものです。そしてその考えを社員間で共有する習慣もあります。店舗間のコミュニケーションが盛んだと思います。私が読書好きなので、社員におすすめ本として読んでもらっています。
潰れる会社は言い訳して値上げしますが、当社はお客さま目線で値下げしています。しかし、同業他社が売り上げを落としている中、うちだけが売り上げを上げています。うちの社員は学ん

で楽しんで仕事していますが、他社は苦しんで経営して社員の給与も下げている……学ばないから下げている。だから、うちはもっと学ぶぞという気持ちでいます。

■心が売り上げをつくる

柴崎　どんな方法で会社の勢いをプラスにもっていったのですか？

櫻井　商品はもちろんですが、学んだ社員たちの接客ですね。笑顔とあいさつで人を呼び寄せるんです。心が売り上げをつくるんですよね。笑顔と挨拶、心が売り上げをつくるのです。心がキラキラしていればマジックのようにムードが良くなります。

ある店長が心を病んでスランプに陥っていましたが、私といろいろ話して心機一転したところ、翌日倍の売り上げを達成しました。商品も場所も人も変わっていないのに、ただ心が変わった。人のワクワクに人が寄って来るのです。そしてこれが続けばとんでもない売り上げになるわけです。

柴崎　なるほど、連鎖反応みたいなものですね。塾もクラスに一人頑張る子がいると連鎖反応でクラス全体のレベルが上がることがあります。

■もっともっと人が欲しい！

柴崎　人、物、金とありますが、どれが一番大事ですか？
櫻井　なんといっても人ですね。今回新卒が110人（取材当時）入ってきますが、もっと欲しい。300人（笑）くらい。採用は、能力ではなく人柄を優先しています。読書感想文を書いてもらって一緒に働けるか考えます。
柴崎　社員を辞めさせないために何か工夫や努力をしていますか？
櫻井　休日をいかに増やすか頭を痛めています。残業なしで週休二日にしたい。でも仕事はますます大変になっています。矛盾している課題ですが、やらなくてはいけません。
　高卒でも大卒でもハンディなし、4年で「ハートマーケット大学」を卒業すれば、高卒が大卒と同じ給与になります。

2年だと短大卒と同じ給与、そういう約束をしてあげると若い人は頑張ります。

柴崎　いいですねえ、「ハートマーケット」大学……。うちも「うすい大学」とかつくろうかな（笑）

櫻井　社員には、店長になって休日出勤するのではなく、ちゃんと休んで学んで上がっていってほしいと思っています。副店長は店長が休んでいる間に店長の仕事を覚えて上がっていく、社員はそれを見て学んでまた上がっていく、そういうサイクルが社内にでき上がっていけば会社全体が上がるのだと思います。私はこの仕事をみんなが憧れるようなものにしていきたいと思っています。ですから、売り上げで日本一、世界一になれば注目されるだけでなく、そこで働く人も注目され憧れられるような存在になると思います。学んで考えてチャンスを生かして働けば、夢が現実化していくのだと私は思います。

柴崎　限界はないのですね。

櫻井　限界はありません。頑張って、すぐ限界だと思ったら、夢なんてかないませんから。

Vol.22

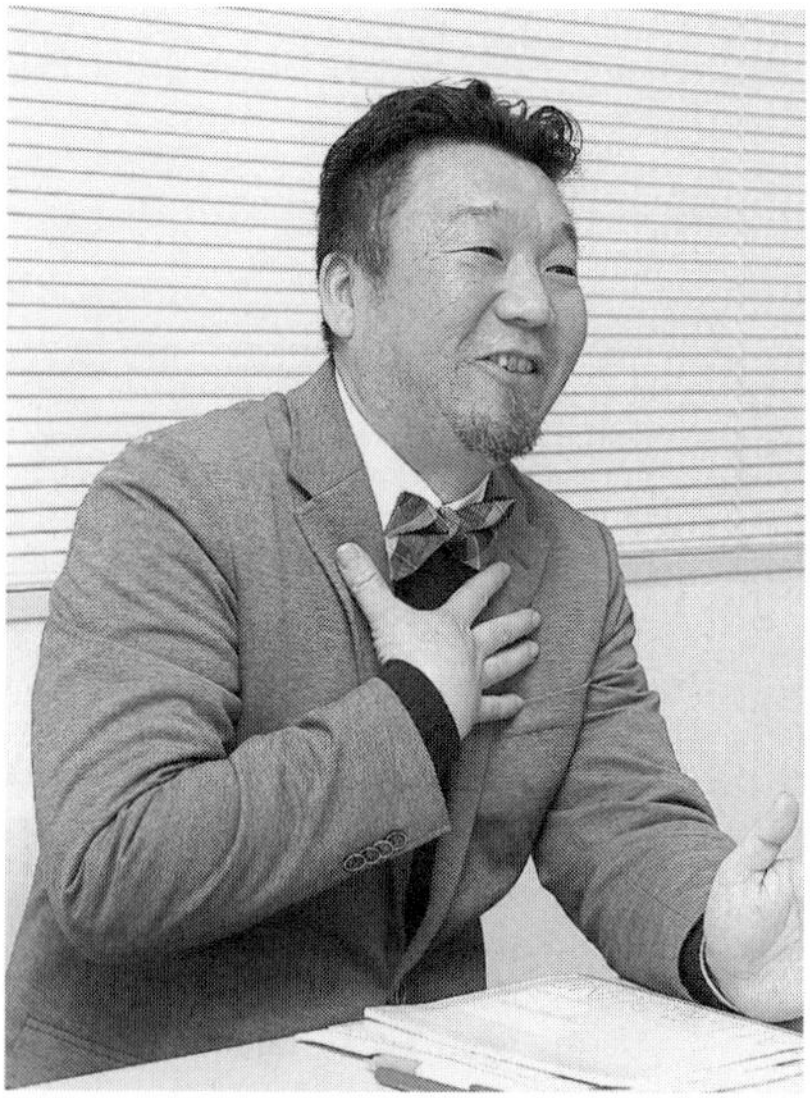

株式会社 花助
HP[http://hanasuke.co.jp]
代表取締役
小林《こばやし》 新一《しんいち》氏

プロフィール

前橋市出身。実家はバラの栽培農家。家業を継ぐために、海外での研修や企業の花のバイヤーを経験したのち起業。起業はとてもわくわくするし、アイデアを練っていると楽しくて眠れないこともあると話す。

環境を変えるのも教育……

お客さまは大切な人へ花を贈る際、どの花屋を信頼すれば良いか分からない不安があることに気付き、全国の花屋を厳選し、花贈りをトータルサポートする「フラワーコンシェルジュサービス」を開始し、全国展開している。業界の常識に縛られず、常に柔軟な発想ができるように環境を変え、年の3分の1を海外で過ごす。もはや自分を重力にも縛られない火星人だと思い、花業界の改革に取り組んでいる。

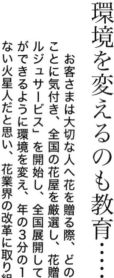

■「火星から地球を見る」視点でビジネスを考える

柴崎　花を扱おうと思ったきっかけは何だったのでしょうか？

小林　実家がバラ栽培をしていまして、大学を卒業してから米国やオランダに留学して花の栽培やバイヤーの仕事などを学びました。その時、世界に通用する花の栽培から販売までを行う花の総合商社のようなものを起業したいという夢を持ちました。

柴崎　どこかで何かその契機になった出来事とか体験とかあったわけですね？

小林　アメリカでの研修時、全米バラ協会会長も務める社長のもとで学ぶことができました。400人近い人たちが働いていてそのスケールの大きさに驚きました。アメリカから、南米をはじめ世界各国からの輸入状況を把握しながら、販売先を決めていましたので、世界を意識したマーケティングを経験しました。

柴崎　そこでまずは花屋さんを開いたわけですか？　どのような花屋であれば差別化できると考えたのですか？

小林　独立当初は、深夜24時まで営業していました。夜のお店の誕生日祝いや開店の花の需要を主に狙っていましたが、深夜2時まで残業し、週に4回4時に起きて花の市場に行かなくてはならず、体も心も限界でした。忙しいとどうしても目の前のことだけを考えて一生懸命やろうとしますが、もっと高いところから全体を俯瞰《ふかん》して考えていかないと将来が見えてこないと思いました。

柴崎　どれくらい遠いところから俯瞰しているのですか？

小林　自分を火星人だと思い込み、火星から地球を見るといった感じです（笑）。そうすることで、自分の悩みを小さく感じるといいますか、カスタマーメインで顧客が何を必要としているのか常に考えられるようになります。

柴崎　それは面白い視点ですね。

■細分化している商品に対応した花の提供

柴崎　いまの小林さんになる突破口というのは何だったのですか？

小林　インターネットであれば24時間、地球のどこにいても顧客対応ができるという考え方でしたね。実はわたしスマホもろくに使いこなせない人間なのですが（笑）。

柴崎　ライバルも多いと思いますが、差別化ってどうなのでしょうか？

小林　まず、全国的な知名度を得るということが大事ですが、お客さまの声にならない声を聞き、本質を見極めて深掘りをしないと新しい商品化も難しいと思います。花助の「フラワーコンシェルジュサービス」は、花を贈ろうとしているお客さまの用途に合わせて最適な花屋をマッチングし、遠方からでも安心して頼めるようにしています。一口に「花屋」といっても、葬儀、ブライダル、園芸など、専門分野があり、仕入れる花材も違います。どの花屋が何に特化しているかはこちらで把握しておりますので、お客さまのニーズに合わせて最適なサービスを提供しています。

柴崎　お客さまからの注文が細分化しているということですね？

小林　ご注文の用途は冠婚葬祭、誕生日・開店・就任祝いなど多岐にわたって細分化しています。そのため「花助」では約２００軒の花屋と提携し、多い時で年間1万件のご注文を「誰が・誰に・何のために」を考え最適なご提案をさせていただいています。遠方へ花を贈る方へのビジネスモデルでしたが、調べてみると、ネット注文の全体の約5割以上が地元から地元への依頼でした。つまり、近所にたくさん花屋はあっても、どの店に頼んでいいのか分からないのでネット注文という手段をとっていたのです。そのようにうちを使ってくれるのであれば、いかにそれに対応できるかが問われると思いました。

■改善点を見つけるための全国の販売現場巡り

柴崎　花を売っている現場というのは見ておられるのですか？

小林　実際に全国の何百という花屋さんを訪ねてこちらの想いを伝えました。そうすると、たくさんのご意見やさまざまなご質問をいただき、花業界の問題点が見え、改善すべき部分が明らかになってきました。私たちはさらに、花屋さんが製作した商品とそれに対する顧客の評価についても調べて、それが一定基準に達しているか確認しました。その上で２００店舗と提携しました。

柴崎　現場は大事ですね。

小林　はい、花が実際にどのように商品化されて売られて、それがどのような評価を得ているのか、そういったことを調べもしないで出荷していけば、一方通行のビジネスに陥ってしまいます。

■環境を変えるのも教育の一つ？

柴崎　いま、生活の拠点はどちらですか？

小林　群馬を拠点にしていますが、家族がニューヨークで暮らしているため、私も年の三分の一はニューヨークで生

活しています。ニューヨーク以外にも世界各国に行くことも多いですが、群馬を飛び出し、別の環境に身を置くことで、自分のビジネスを俯瞰して見ることができ、新しいビジネスやアイデアがひらめくのです。今後も考え方を固定しないために、いろいろな世界に飛び出していきたいです。最初の一歩は怖いでしょうが、その後は思ったよりも怖くないのかもしれません。そして次々と楽しい仕事が増えていく……。柴崎さん、私は環境を変えることも教育の一つだと思っています。

柴崎　なるほど。自分自身を変える時にこそ必要ですね。今後の展開についての具体的な構想はありますか？　ここで言えないこともあるのかもしれませんが（笑）。

小林　今後、東京進出をする予定です。これも環境を変えてみて新しいビジネスチャンスを捉えるという意味です。東京に店舗を出すのではなく、セントラルキッチンのような、首都圏で販売・配達を行う物流倉庫を造りたいのです。お届けする際もただ届けるのではなく、服装や台詞にも気を配り、「届ける」ことにも付加価値を付けていきます。また、本人が驚くようなストーリー性のあるものとか、花だけでなくお酒やケーキなどとコラボしてもいいと思います。ずばり、テーマは「感動」です。

Vol.23

群馬だから可能だった革新的スカーフ

突然の多発性脱毛症という大ピンチをチャンスに変えて、頭にフィットする「気軽で快適でおしゃれ」なスカーフを開発した角田真住氏。そのポジティブさの理由、誰も気付かなかったニッチな商品の秘密。そして、群馬特産のシルクの活用……普段気付きにくい女性の悩みにも気付かされる。

合同会社 Armonia

HP[http://scarf.co.jp]

角田《つのだ》　真住《ますみ》氏

プロフィール

伊勢崎市出身。元々は会社員で新規事業立ち上げの仕事に取り組んでいたが結婚して出産後は専業主婦。２人目の子を出産後多発生脱毛症に。ピンチはチャンスと考え直して、抗癌剤治療で脱毛した女性や髪を失った女性用のスカーフを開発。群馬の上質な素材にもこだわり、医療用ではなく、おしゃれの一つがコンセプト。

■ピンチはチャンス、スカーフ販売を事業化

柴崎　角田さんは、元々は何をされていたのですか？

角田　私は伊勢崎市出身で、会社員で新規事業の立ち上げなどを手伝う仕事をしていました。結婚し出産して専業主婦になってからは平凡な日々でしたが、第2子を出産直後に多発性脱毛症になりまして、いわゆる10円玉ハゲがあちこちにできてしまったのです。半年で頭髪が3分の1まで減ってしまい、どうしようかと……。

柴崎　「髪は女の命」ともいいますからね。それでどうしました？

角田　でも、ピンチはチャンスだと思って、これを機に何か事業化できないかな……と。

柴崎　かつての職がきっかけになったんですね。

角田　はい、髪が抜けたときに被るウィッグというものがありますが、高額ですし外れたりウィッグだとバレたりしないかなどが気になって、ちょっと悲しい感じがしたのですね。それで一度スカーフをして外出したら「それ、かわいいね」と言われて、気持ちが明るくなったのです。

柴崎　ウィッグを付けたらマイナスだった気持ちが、スカーフでプラスに転じたわけですね。何かが大きく違っていたのでしょうか？

角田　そうなのです。もうそれまでの気分が１８０度転換して外出が楽しくなって……、それで同じ症状の人のためにスカーフを商品化するため、まずビジネススクールに入り、事業プラン作りをしました。資金はｗｅｂのクラウドファンディングで集めて、２５２万円もの資金がそれで

集まりました。支援してくださった人の中には、家族や知人が抗癌剤で頭髪がなくなったという方もいて、本人だけでなく周りにも困っている人が多いのだと実感しました。
柴崎　なるほど。本人だけでなく、周囲の人からも支援を得られたのですね。
角田　はい。外見というのは周りの方のためのものでもあると私は強く感じました。本人が明るくなると周りの方も気持ちが楽になるようです。

■群馬の特産であるシルクを裏地に使用

柴崎　普通のスカーフとどう違うのですか？
角田　コンセプトは、「気軽で快適でおしゃれ」です。使う人の頭の形に縫い込んであって、かぶってしばるだけです。実は地元の特産品を活用していまして、裏地に群馬特産のシルクを使っています。これはとても肌に優しく、人の肌のアミノ酸とほぼ同じ組成でできています。製糸の過程でホルマリンを使っていないので、生まれたての赤ちゃんの肌にも使えるほどの優しさなのです。
柴崎　医療用のものとはまた違うのですか？
角田　医療用は見た目が二の次のものが多く、装着していて楽しくないのです。
柴崎　そういえば、伊勢崎から桐生にかけては、群馬の繊維産業の中心ですね。だからこその発想ですか？
角田　最初、事業化しようとしていた時、いろんな方と話をしても理解されなかったところを、

桐生の繊維業者さんが助けてくれて、こうした方がいいよって、たくさんアドバイスをいただいたのです。繊維業者さんのアドバイスと技に支えられて開発できた商品なのです。

柴崎　やっぱり頑張る女性を助ける優しい人はいるのですね。でも、すごいニッチな商品ですよね。

角田　だからこそネットで日本全国、将来は世界中に売れる商品かなと。抗癌剤の影響や多発性脱毛症で悩んでいる女性は、日本だけでなく海外にも多いと思うのです。現に米国からも問い合わせがありました。

柴崎　気持ちも変えてくれる商品というのは素晴らしいですね。スカーフは何種類かあるのですか？

角田　４種類をいまテスト販売していまして、本販売では10種類にしたいと思っています。デザイナーも交えて開発中です。病院に入院している患者さんが気持ちが前向きになるような色合いとか考えています。

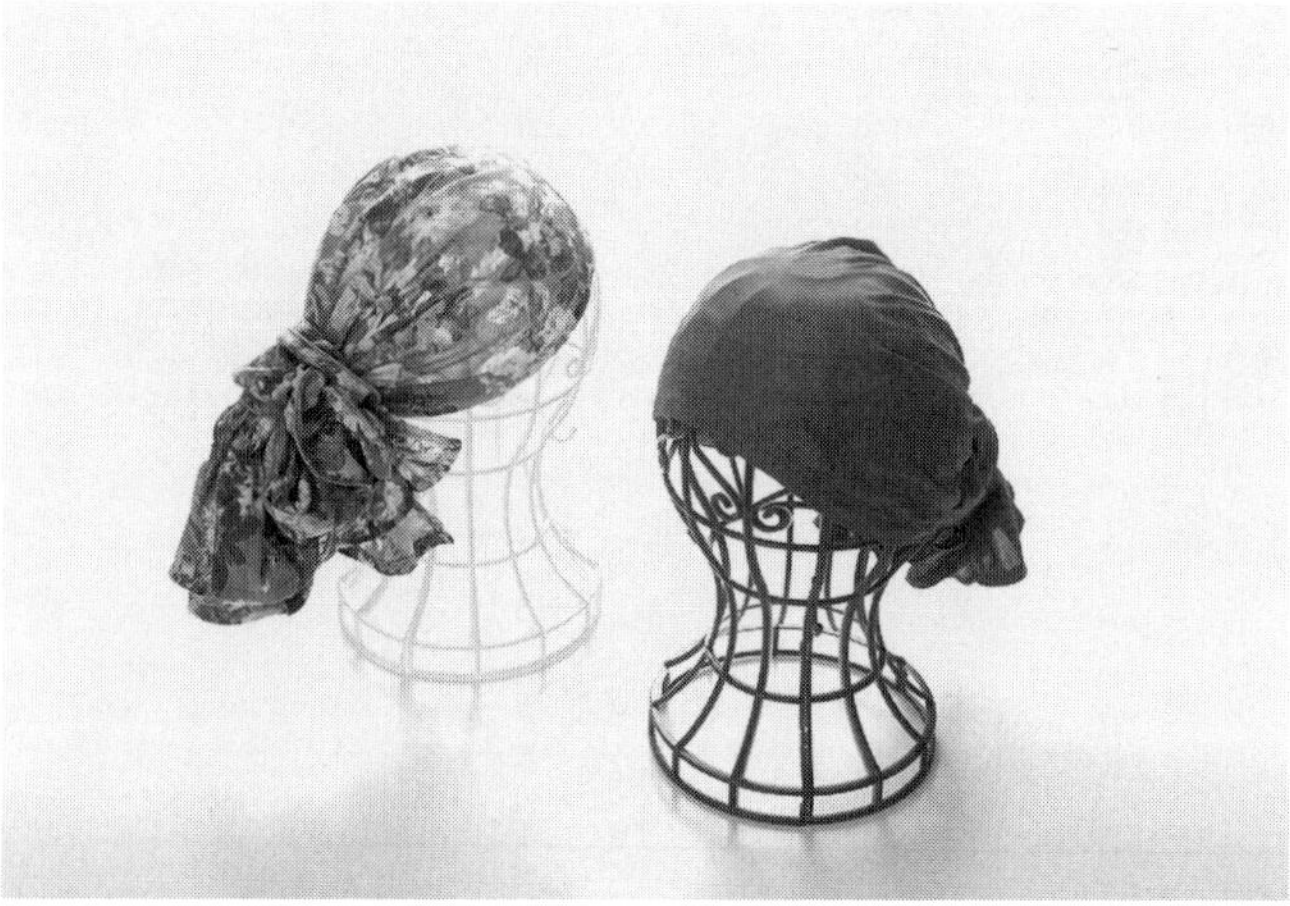

柴崎　似合いますねって、素直に言えるようなものだったらいいですよね。
角田　ウィッグだと可愛いとか似合いますねと言いづらいものですが、スカーフであれば、それが言えます。それが商品開発のきっかけの一つでしたから。

■社会的反響の大きな商品

柴崎　本販売の前にかなり関心が高まっていると聞きました。
角田　国連本部や医療学会で展示をしたり、メディアが取材に来られたり、ビジネスプランコンテストでの受賞とかで、社会的関心が高くなりました。これまでのビジネスプランコンテストでは男性ばかりでしたが、今回とても理解していただき、反響が大きくてうれしい驚きでした。
柴崎　もうこれは全国展開しかないですね。
角田　はい、少しでも多くの方のお手元に届けたいと

思っています。コンプレックスをプラスにそしてポジティブに変えていく「髪を失った女性の団体」の活動もしています。女性のスキンヘッドって本当に美しいんですよ。

柴崎　本人が明るく積極的で、何事にもポジティブに取り組めるようになったら素晴らしいなあ。スカーフ一つで世界が変わっちゃう!!

角田　はい……私は女性のコンプレックスに興味がありまして、髪がない、足が太い、胸が小さいとか、いろいろあると思うのですが、私自身コンプレックスを否定しないことで意識が変わりました。いろいろな面があっていいいんだ、ということを伝えたいですね。それを無理に否定しない姿を見せていく、自分のことをもっと好きになれるよと言いたいのです。

柴崎　それは人生の途中で乗り越えなければならない試練の一つなのだということですね。

Vol.24

地域の人々が救われる神社のゆるさとは?

母親同士の奇妙な縁で、17歳の時に養子で神社へ。大学卒業後、神社を継いで、市議会議員にもなり、神社の境内を地域社会の大事な場所と認識してもらうことに成功。焼きたてパン屋工房があり、イベントが開催され、子育ての相談にも対応する。

山名八幡宮
HP[http://yamana8.net]

高《たか》井《い》俊一郎《しゅんいちろう》氏

プロフィール

群馬県高崎市出身。新島学園高校から國学院大学・早稲田大学大学院卒。平安時代末期から840年続く山名八幡宮の神職27代目。同神宮のブランディングに取り組み、グッドデザイン賞、群馬イノベーションアワード入賞、参詣客が急増。元高崎市議会議員。現在、群馬県議会議員。

■養子に入り宮司を継ぐ

柴崎　高井さんは、どういう経緯で神職に就くことになったのですか？
高井　私はここに養子に入ったのですが、それが不思議なご縁で……。元々母同士が知り合いで、母同士での決め事になっていたのです。養家には宮司の祖父がいましたが、神社は荒れ果てていて……。それで國學院大学に進学して、すぐに祖父が倒れて、宮司を継ごうと決心したのです。
柴崎　宮司になるための修行とか資格とか難しいのですか？
高井　大学在学中に神主の資格を取得して、卒業後すぐに、修行が厳しいといわれている神社で2年間修行しました。師はラバウル帰りの軍人で、朝早くから夜遅くまで、境内の何から何まで、厳しく仕込まれました。それで実家に戻って継ぎましたが……。
柴崎　それは跡継ぎとして皆さん喜んだことでしょう。
高井　それが……。再建よりも、まずどうやったらメシが食えるのかも分からず、とりあえず毎日掃除をするだけの日々でした。そのうち音楽のイベントを催したり、青年会議所に入ったり、民生委員もやって、地域とのつながりが増えて、いろいろな活動にも参加するようになりました。これが後々とても役に立ちました。

■神社を日常的に人が集まる場所にしたい

柴崎　人のネットワークが広がったわけですね。

高井　その中で、この地域での存在価値みたいなものについて考えるようになりました。昔は八幡村というものがあり、うちの神社はその形成に大きな役目を担ってきたのだと……。氏子も藤岡から吉井までかなり広い範囲に住んでおられて、この神社は再建しなくてはいけないと覚悟を決めました。
柴崎　それでも、もう氏子の皆さんは高齢でしょう。
高井　70〜80代の方ばかりですね。本来、神社は祭りと初詣という年間2回の大イベントが主体で、あとは結婚式なのですが、今は結婚式場がありますからね。そこで、私は神社を日常的に人が集まる場所にしたくて、パン工房とマタニティーカフェを敷地内に設けました。イベントも継続して行い、地域になくてはならない場所にしていこうとしています。
柴崎　いいですねえ、神社は戦前、地域の中心的な場所でしたからね。
高井　地域の人が気軽に集まることができる場所として、神社がすぐに思いつくようにしたかったのです。
柴崎　この神社にはどんな御利益があるのですか？
高井　安産と子育ての神社です。それをコンセプトに、町づくりの中で存在感を示したいということで、いろいろな構想を描いてみました。
柴崎　地域の町づくりの中心に神社があれば、まさに地域の人たちが日常的に集まる場所になるわけですね。

高井　広い土地がありますから、車で来て子育ての相談をしたり、母親同士が情報交換したり、子どもを安心して遊ばせておいて、仕事もできる場所にしました。
柴崎　みんなの広い庭、子育てをしている母親の不安解消の場というわけですね。
高井　以前は、神社の階段の下に立っても全く人の気配がしなかったのですが、今では平日でも駐車場がいっぱいになります。ちょっと遊びに行くような感覚で来てもらえる場所になってきています。

■子を持つ母たちのコミュニティー

柴崎　複数世代の同居が減って、しかも少子化が進行しているので、出産して子育てをする母親の負担は大きいですね。
高井　少子化はしばらく改善されないですよね。そうであれば、できるだけ産みやすい環境づくりをするべきだと思います。子を持つ母親が担い手になって運営するパ

ン屋は女性だけのスタッフですが、営業時間も短くて土日は休みです。そういう働く場が増えていけばいいなと思っています。時給はそれほど高くないのに皆さん来てくれて一生懸命やってくれています。居心地の良い、やりがいのある場になっているのです。お店の棚に置いてあるクラフトワークも彼女たちの手作りのものですが、そうやって社会と何かしら関わっていくことが大切なのだと分かりました。

柴崎　それは少子化の一助になるかもしれませんね。また、何かしら自分の作品を発表する場があれば、人とのコミュニケーションも盛り上がりますね。

高井　神社ってゆるい存在なので、産みやすく、生きやすい環境づくりに最適かもしれません。

■みんなが豊かになるロールモデルになりたい

柴崎　これから多様化していく時代になっていくのかもしれませんね。神社が多様化した時代に応えていくのが面白いですね。ファジーな空間になっている。

高井　イベントで餅つきや椅子作りもしていますよ。SNSで人が集まって、いろいろなイベントが可能になる時代です。公園づくりのプロジェクトとか、ひたすら穴掘りをするとか、そういうことができるスペースが神社にはあるのです。

柴崎　お説教臭い内容より、そういうみんなが楽しくて心豊かになるようなイベントをたくさんやれば、日本全体がより平和で幸せになっていくのかもしれませんね。

高井　この神社が、そういうもののロールモデルになればいいなと思っています。

■共感のコミュニティーだけに終わらせない!!

柴崎　これからどんな神社にしたいですか？

高井　いろんなプロジェクトに取り組みたいです。社会と神社のあり方において、共感のコミュニティーだけに終わらせないものを考えたいです。

柴崎　境内のお店の名前を教えてください

高井　キッズマタニティーカフェ「ミコカフェ」、天然酵母のパン屋「ピッコリーノ」、そして「あそび場プロジェクト」もやっています。

柴崎　盛りだくさんの神社でいいですね。

Vol.25

マイナスイメージの介護をプラスに変える

祖父の死をきっかけに介護を意識するようになった梅澤氏は、介護の現場の実態に驚き、理想的な介護を目指して日々努力と工夫にエネルギーを注いでいる。高齢化社会の介護は、働く人たちに将来を教えてくれる大事な仕事だという。

プライマリーグループ
HP[https://www.primary1.co.jp]
梅澤《うめざわ》　伸嘉《のぶよし》氏

プロフィール

桐生市に生まれる。亡くなった祖父に何かしてあげたかったという思いと、祖母のために何かしたいという思いから介護の道へ。離職率の低い介護の職場づくりで社会貢献を目指す。現在は9カ所の介護施設と介護コンサルティング会社と、介護専門人材派遣会社などを運営する。2017年から介護事業に特化した起業家育成塾も運営している。

■介護の現場は、理想と現実の大きなギャップ

柴崎　梅澤さんが介護という仕事に興味を持つきっかけは何でしたか？

梅澤　祖父の死がきっかけです。私は溶接の仕事をしていたのですが、生前何もしてあげられなくて、後悔していたのです。祖母が持病で介護を必要としていたので助けてあげたいという気持ちから、私は24歳の時にヘルパー2級を取得して介護の会社に就職しました。しかし、自分の理想と介護の現場のギャップに驚かされました。

柴崎　2000年に介護保険が導入されて、介護関係は注目されましたよね？

梅澤　ええ、しかし現実は厳しく、さまざまな問題が生じていたのです。楽しい介護なんて夢のまた夢で、現場で高齢者と日常会話をしていると、「仕事しろ」と怒られてしまって。

柴崎　それで自分で起業するしかないと……。

梅澤　そうです。いろいろな問題を解消しつつ、「夢のある楽しい介護の現場」にしたいという思いで、28歳の誕生日に会社をつくりました。

柴崎　銀行はお金を貸してくれましたか？

梅澤　何度も通いましたが無理だと言われ続けて、起業を決意したときから貯金してつくった資本金300万円をもとに、なんとか500万円の運転資金を借り入れし、合計800万円で事業をスタートしました。最初の客は私と妻の祖母や身内五人だけでしたね。希望だけはあって、いつも前だけを見て崖っぷちを歩き続けていて、悩む暇なんかないって感じでした（笑）。

■介護らしくない職場にしたい

柴崎　介護の現場って厳しくて離職率も高いイメージですが、なぜ梅澤さんの会社は違うのでしょう？

梅澤　私は離職率の低い職場を実現して、それを介護の世界で広めたいと思いました。社会に求められている会社をつくり、そこで求められている人材を育成すれば、離職率の低い介護の会社ができると考えたのです。今はうちの離職率の低さのノウハウを伝える会社やコンサルティング業もしています。

柴崎　働く現場の改革で、介護を魅力的な仕事にしたいというわけですね。梅澤さんの目指す理想的な介護の会社ってどんなものですか？

梅澤　四つありまして、一つ目は「人間関係の良さ」、二つ目は「会社が進む方向性が明確に決まっていること」、三つ目は「ブランディング」です。職員を、辞めたらもったいないという気持ちにさせることと楽しく胸を張って仕事ができることを大切にしています。服装も格好良くして、建物や名刺やパンフ、HPなど、介護らしくないイメージで作り込みをしています。最後の四つ目は「技術と知識よりも人間力」。研修では人間力の向上を目指します。笑顔とコミュニケーションが人間力で、それが介護の現場にないと人間らしく働けません。

柴崎　そうか、会社にも働く価値をつくったのですね。お仕着せのように、介護だからこうしなくちゃいけないと考えるから、良いカラーも出ないし楽しく働けなくなると。

梅澤　働いている人に視線を向けて、みんながプライドをもって働ける職場づくりをすれば、会社が発展します。つまりスタッフの笑顔（幸福度）に比例して、利用者さんの笑顔も増えるという仕組みです。楽しく充実して働いていれば、介護される利用者もその家族も満足できますし、お互いにギブギブの関係になると思います。また、働いている人が自分の仕事は社会貢献の一つだと思えれば、胸が張れます。逆に質問なのですが、塾って離職率はどうなんですか？

柴崎　これは自慢になってしまいますが、全国的には塾が高い離職率にもかかわらず、うすい学園はその中で離職率が低くて社員の満足度も高いという自負があるのですよ（笑）。

梅澤　すごい!!　どうやってそうなるのか、ぜひ教えてください。

柴崎　生徒への過剰サービスは先生の負担になるのですよ。やりがいと働きやすさのバランスを保つのが必要ですね。だから、まず年間休日をできるだけ多くしています。おそらく全国の塾では一番多くて、他業種の一部上場企業並みだと思います。

あとは仕事ができる人に仕事が寄ってしまいがちになるから、仕事を洗い出して特定の人に仕事が集中し過ぎないように割り振りをしていくのです。こういうことを工夫する塾が意外と少ないと私は思っています。

梅澤　メモしました。参考にさせていただきます。

■チャレンジしないで後悔するのは良くない

柴崎　さて、梅澤さんの仕事のやりがいって何ですか？

梅澤　仕事をしながら利用者さまが将来を教えてくれるところでしょうか。必ず誰もが介護を必要とする時がきますから。高齢者の言葉は重いですよ。人生の先を語る、つまりどう生きるかを教えてくれるのです。

柴崎　ある意味、介護の仕事は、先人たちの言葉を次の世代に伝えていく仕事でもあるのですね。今の若い人に何を言いたいですか？

梅澤　全力を尽くしてやればいいし、チャレンジして失敗しても後悔するな、チャレンジしないで後悔するよりマシだと言いたいですね。これも利用者さんからの教えです。日々介護で働いていると、もっと頑張ろうという気持ちになる良い仕事だとつくづく感じます。

柴崎　少子高齢化の時代、介護はこれからもっと進化しないといけないですよね。

梅澤　はい、良い経営者の介護の会社が増えて、ちゃんとした介護のできる人が増えていけば、

マイナスイメージの介護という仕事を変えられる可能性があります。そうすればみんながプラス志向で働くことができます。やりがいのある良い仕事として社会的に認知されれば、「ありがとう」が日々飛び交う職場になるはずです。また、今の高齢者は元気ですから、高齢者でも働ける人はどんどん採用していきたいですね。これからも自分の生まれてきた意味を考えつつ、できるだけ多くの困っている人の役に立っていきたいと思います。

Vol.26

究極の人材育成と職場づくりとは？

介護保険・障害福祉事業と地域活動事業の二つを大きな柱に介護事業に取り組むNPO法人ハートフルは、介護タクシーや配食サービスなど、介護を受ける人の目線でさまざまな工夫をしつつ、より自然な形で介護者や障害者を支えられる中身づくりに余念がない。その現状と今後の方向性がここで明らかになる。

NPO 法人ハートフル

HP[http://www.npo-hatofuru.or.jp]

櫻井《さくらい》　宏子《ひろこ》氏

プロフィール

座右の銘は「恕」（ゆるすこと）。ハートフルの理念は、「高齢、障害、大人、子どもの隔たりなく　皆が自然な形で足りない部分を助けあえる、そんな社会づくりをめざして」。これが櫻井氏の夢、志、想いの全てだという。平成12年から居宅介護支援、訪問介護、障がい福祉、通所介護、保険外（プレミア）小規模多機能型居宅介護、サロンを行っている。

■介護にもいろいろある

柴崎　介護の中身といいますか、介護事業にもいろいろあるのですか？

櫻井　当社は大きく二つの柱がありまして、一つは公的なもので「介護保険・障害福祉事業」、もう一つは「地域活動事業」という保険外のもので、さまざまな理由で保険が使えない人が生活するための支援活動です。たとえば犬の散歩や庭の手入れ、あとは常設型のサロンで趣向を凝らしたいろんなイベントを行っています。

柴崎　地域の方からの多様なニーズがあるのですね。

櫻井　「こういうことをしてほしい」という要望があり、それをきっかけとして事業の中身ができてきました。私自身が他の介護事業所で働いていた時、お客さまの要望がたくさんあることに気付いたのです。食べ物であれば、冷凍ではなく作りたてを食べたいとか、介護もできる運転手の送迎とか、また、がんの末期の人で、通院などが大変な場合のサポートとか、本当にいろいろあるのです。しかし、制度上できることは決まっていて「できないこと」が多かったんです。だからそれができる事業所を始めました。

■地域で望まれる「支援」とは？

柴崎　高齢者や障がい者だけでなく地域の困っている人のお手伝いってどんなことをするのですか？

櫻井　産前産後の人とか支援が必要な人の家で、草むしりや剪定、網戸や障子の貼り替え、ゴミ捨て、通院の付き添い、掃除や片付け、電球交換などですね。病気や怪我で自宅療養の人の支援もしています。

柴崎　介護保険でできるものはそれで行い、それ以外は保険外で、と融通がいろいろときけば、利用者も頼みやすいですね。普通は保険内から始めるのに、逆に「保険内でできないこと」を仕事にしたのですね。面白いなあ。

■内部改革は人材育成と職場づくりの二つ

柴崎　いわゆる「働き方改革」ですね。正社員とパートさんはどれくらいおられるのですか？

櫻井　正社員が19人で契約社員9人、パートが47人くらいです。年齢はまさに「老いも若きも」という感じで（笑）、20代から80代までです。介護は大変な仕事ですが、働く仲間との人間関係や介護する相手への対応がどれだけ楽しく自由にできるか、要するに職場の雰囲気が大切なんです。楽しく働きたいという方が多いのです。

柴崎　櫻井さんはスタッフの皆さんをどう教育してどう接しているのですか？

櫻井　プラス志向でポジティブな人は成長します。研修では一人だけで悩まず周囲でお互いに支え合う雰囲気というか、仲間意識を強くして楽しく働く現場づくりをしています。私自身も経験がありますから、スタッフの気持ちをよく聞いて「ワクワクドキドキ時にはハラハラ」で楽しく働けるように一人ずつ向き合って接したり教育したりするようにしています。

柴崎　うまく雰囲気になじめない人がいたらどうしますか？

櫻井　自分が変わろうとしないとなかなか変われないですよね。そんな時はちょっとプッシュして何かきっかけを見つけてそれを突破口にして打開していけるように働きかけます。研修は私だけでなくみんなでアイデアを出し合いみんなで取り組める内容で研修のしくみも作り込むようにしています。

柴崎　具体的にどんな研修を行われているのですか？

櫻井　ただ花を愛でるだけでなく、その花を題材として俳句を詠んでみるとか、自分の考えをみんなの前で発表するとか、やはり人の話を聞いたり相手の気持ちを理解したりするためには、まず自分の気持ちや考え方を人にどれだけ伝えられるかが大事です。これをすることで早めに相手の気持ちの変化にも気付ける人になることができます。

他にもウサギとカメの競走でどうしたら逆転できるかを考える問題とか、画鋲《がびょう》とろうそくと

マッチ、そして箱で何を作るかという問題など、発想を豊かにしたり、他の手段を考えることや気付きを促すものもあります。

柴崎　楽しみながら鍛えて介護の仕事に生かすということですね。

■働きやすい環境づくり

柴崎　社員の福利厚生とか待遇面ではどのような特色がありますか？

櫻井　休日とか待遇面では介護業界で日本一を目指していまして、有給を入れて年に半年くらい休んでいる人もいます。また有給でリフレッシュやレクリエーションのためのお小遣いを支給するとか、いろいろな手当や特典も用意しています。

柴崎　それだけ休みがあると、代わりの人や経営が大変ではないですか？

櫻井　「ポイント制度」というものがありまして、誰かの代わりにヘルパーに入る時にポイントがたまっていろいろと特

典が得られるので、「私がやります」と皆さん、積極的に手を挙げてくれます。これも社員から出てきたアイデアです。

収益性としてやっていけるかどうかですと……かなり厳しい面もありますが、やっていけないようになったらまた考えて改善したり工夫したりしていければいいと考えています。面白い話が一つありまして、休日がありすぎると仕事の勘が鈍るので、その分を実習に充ててほしいという要望が現場から出ました。

櫻井　介護の現場では、介護する人も介護される人もそのものがハートフルで気持ちよく働き、介護される人も含めて人生が楽しくなっていき、一緒に働く仲間といろいろと改善もしていける、そんな職場であれば、自然に利用者も増えていき、待遇も良くなります。

柴崎　介護の現場がまさに「働き方改革」の進化形そのものなのですね。これから高齢化社会がますます進行しますから、質の高い介護が全国に広がってほしいと思います。

Vol.27

宝塚からの華麗なる転身

ベルばらに憧れ、東京までレッスンに通い、宝塚に合格。頑張って成績を上げた後、祖父の病気がきっかけで実家を継ぐことに……。それからまた経営学の勉強をして、同友会との出会いで自分のやるべき仕事に開眼。全ての体験が経営に生きている女性経営者の話が興味深い。

赤城フーズ株式会社
HP[http://www.akagi-foods.co.jp]
遠山《とおやま》　昌子《まさこ》氏

プロフィール

ベルサイユのばらに憧れ、苦労して宝塚音楽学校に入学し卒業。念願のタカラジェンヌとなり男役を務めたが、赤城フーズを経営する祖父の病気の悪化がきっかけで退団を決意し実家に戻り、家業を継ぐ決心をした。同社の製品が宝塚大劇場にも並んだり、カリカリ梅が全国的な人気商品になるなど、日々勉強しながら商品開発に取り組んでいる。

■「ベルサイユのばら」がきっかけ

柴崎　「赤城フーズ」といえば、カリカリ梅ですね。でも遠山さんといえば宝塚、どんなきっかけというか出会いがあったのですか？

遠山　前橋出身なのですが、小学5年生の冬にテレビで「ベルサイユのばら」をやっていて、「こんな世界があるんだ!!」と人生が変わりました。それを録画で繰り返し見て、踊りたい、歌いたいという気持ちが募っていったのです。

柴崎　でも宝塚って試験とか大変ですよね？

遠山　当時は祖母がやっていた日本舞踊を習い事程度で教わっているくらいでした。試験は歌とバレエと面接ですので、バレエを習いたいと思いましたが、祖父母や親からは条件として、第一志望の高校に合格したらやっていいと言われました。

柴崎　条件付き？　それでは受験勉強を必死にしたでしょう。

遠山　はい、宝塚の試験は4回チャンスがあるのですが、ちょうど第2次「ベルばら（宝塚歌劇「ベルサイユのばら」）」ブームの頃で、倍率が42倍とかで高かったのを覚えています。

柴崎　ほぼ50人に1人の合格率!!　それは難しい。

遠山　試験に向けてレッスンを受けたいのですが、当時受験スクールは群馬にはなく、毎日高校が終わると東京まで通いました。帰りは深夜の列車でしたね。

■チャレンジしないで後悔するよりも、失敗を恐れずチャレンジしたい

柴崎　いろいろ苦労しながら試験に向けてレッスンもして、それで合格したわけですね。

遠山　1回目から3回目のチャレンジではずっと一次試験で不合格でした。ラストチャンスの高3では不合格なら予備校に行って大学受験しようと覚悟を決めていたのですが、なんとか合格することができました。

柴崎　どんな気持ちでチャレンジしたのですか？　怖かったでしょう？

遠山　でもチャレンジして失敗するよりも、チャレンジしないで後悔する方が嫌だという気持ちで試験に向き合いました。

柴崎　宝塚音楽学校の生活というのはどんな感じなのですか？

遠山　体力的にも精神的にも大変でしたが、今振り返ると得るものが大きかったです。ここで連帯責任や情報共有の大切さを学びました。

柴崎　掃除とかすごいって聞きますけど、実際はどうなのですか？

遠山　毎朝1時間20分の掃除があります。役割分担して廊下をピカピカに磨いたり窓を拭いたり、夜に反省会をやってまた翌朝掃除、その繰り返しですね。責任者だったので掃除だけでなく、さまざまなことに全力で取り組み、頑張っていたら、次第に「彼女が失敗したら仕方ない」とまで言ってもらえるようになり、これって何かなあと考えたのですが、一生懸命にやっていると周囲の反応が変わっていって、いつかその頑張りは認めてもらえるようになるんだ、応援してもらえ

るようになるんだ……と体験して学ぶことができたことは、とても貴重な経験でした。

■素質がないと思ったら努力するしかない

柴崎　それだけ頑張ったわけですね。舞台の方はどうでしたか？

遠山　素質がないなら努力をするしかないという考え方でやりました。成績が最初全体の32番だったのが16番になり、三年目には8番まで上がり、役もいただけるようになり、組長（最年長の人）になれるくらいまでやりたい！と公言しているくらい、宝塚が大好きでした。

柴崎　そんな時に分岐点がやってくるわけですね。

遠山　母からの電話で、祖父の具合が悪いと知り、実家では父が孤軍奮闘していたのですが、二人の兄たちは自分の好きな世界に進んでいて戻る様子はありませんでした。このまま後継者がいなくなると、赤城フーズがなくなってしまう。祖父はカリカリ梅を開発した人でしたし、

「俺が育てた会社はどうするんだ」と口癖のように言っていて、このまま不安を抱えて祖父が亡くなってしまったら私は絶対後悔すると思ったんです。それで家族から頼まれたわけでもなく、自分一人で考えて、父の後を継ぐために、宝塚を退団すると自分で決めました。それで実家に帰りましたが……実際何も知らなくて何も手伝えないのです。子どもの頃に実家の横に本社工場があって、その時に、生活の一部として遊びがてら入って仕事の様子を見ていただけでしたから。

■「群馬中小企業家同友会」との運命的な出会い!!

柴崎　実家に戻ったのはいつ頃のことですか？

遠山　２００５年４月の初めです。その月の下旬にすぐに入社して、まずはいろんな現場体験をして、周りの従業員からの心配と疑念の視線の中でうろうろおろおろ……（笑）。

柴崎　それは居心地悪いですねえ。何の予備知識もないのだから。

遠山　一年ほどして通信制の産業能率大学に入学し４年間経営学を勉強しました。インプットして、あとはどう会社でアウトプットするか……そんな時に「群馬中小企業家同友会」との出会い

があったのです。

柴崎　なるほど、今度は実践的な経営をいろんな人から学べたわけですね？

遠山　私にとってはまさに経営の説明書でした。皆さんが実践されて結果を出しておられるわけですから、いろんな人に話を聞くたびに役に立って、「ああ、こうか！」「こうやれば良かったんだ！」の連続でした。本当に皆さんにお世話になり、私にとってはかけがえのない存在になりました。

柴崎　宝塚の経験が役立っていますか？

遠山　礼儀や根性、諦めずに努力したことが今でも私を支えてくれています。そして、退団してから改めて気付いたのは、宝塚も赤城フーズでも、お客さまを笑顔にすることは同じだということです。カリカリ梅を作るだけでも食べてもらうだけでもなく、食べて笑顔になってもらいたい。そのために、経営者、嫁、母……たくさんの顔を前向きに両立させていきたいです。

Vol.28

誰もやらないことで新たなニーズ獲得!!

ニーズの減っているブロック業界で、誰もやらないことで新たな客のニーズを獲得したコモチ。そして今や全国のホームセンターの45%に何かしら同社の商品が入っている。競争激しく単価の安い商品の開発のヒントを少しだけ教えていただいた。

株式会社コモチ

HP[http://www.komochi-block.co.jp]

齋藤《さいとう》　和子《かずこ》氏

プロフィール

創業半世紀の会社を継いだのは三人姉妹の長女とそのご主人。群馬県渋川市出身。短大卒業後、東京で３年OLを経験し、損害保険の資格を取得。23歳で結婚して「(株)コモチ」を継ぐ。事務を担当する傍ら損害保険代理店を10年間続ける。約20年間の裏方生活を経て、現在は女性目線の商品開発に取り組む。趣味はゴルフ。

■創業半世紀のブロック屋

柴崎　会社の創業はかなり古いのですね。

齋藤　はい、昭和45年創業で半世紀経ちます。父が創業し、結婚と同時に主人と共に私が継ぐことになりました。

柴崎　ブロックの原材料というのは何ですか？

齋藤　昔は軽石が原材料で、群馬県は日本一のブロック生産県でしたが、今はかなり縮小されました。

柴崎　ブロックというと大手がつくっているイメージですが、いろいろ種類が違うのですか？

齋藤　建築用コンクリートブロックと園芸用コンクリートブロックがあります。弊社では軽石を原材料とした花壇用ブロックやコンクリート平板が新たなニーズになっています。

■「打ち水平板」が大ヒットした理由とは？

柴崎　商品プランは齋藤さんがされるのですか？

齋藤　私が提案し、社長が商品化します。多いときは年間5アイテムを作成していました。お客さまからニーズがあればすぐ対応し作っています。例えば昔は夏に打ち水をしていましたが、アスファルトだと逆に蒸し暑くなってしまいます。しかし、軽石だと保水性があり、気化熱で温度を下げる効果があるので「打ち水平板」をつくりました。意外にもペットの犬を飼うご家庭に好評で、ひんやりした打ち水平板でワンちゃんがとても満足しているそうです。
柴崎　それは面白い。ワンちゃんのお昼寝にちょうどいいわけですね。
齋藤　競合がないので、まさにコレだ！　という感じで大ヒット商品になりました。マスコミでも取り上げてもらいまして、全国から問い合わせがきました。そして全国のホームセンターで販売されて売れるようになったのです。
柴崎　他にどんな商品があるのですか？
齋藤　ブロックに匂いが付けば虫除け・猫除けになると考え、ちょうどよいエキスとの出合いがあって実現しました。女性からは大変好評いただいています。

■ブロックの先入観念を超えた商品作りとPR

柴崎　なにか他に仕掛けはありますか？
齋藤　家族でお庭作りをするための絵本を作ったり、関東エリアのホームセンターで社員の半数近くを派遣して施工実験のPRをするなど、お客さまだけでなくお店の方にも誠意を見せたいと思い、企業努力を重ねています。
柴崎　なるほど、売れる証明を提示することで、販売の広がりができるということですね。何か「ブロック愛」みたいなものを強く感じますね。
齋藤　ありがとうございます。ブロックに愛・笑顔・幸せを与えたいと考えた結果、印刷するアー

トプリックが商品化されました。５年ほど前に、事業をブロック一本に絞った結果、過去最高のブロック売り上げを達成しました。とにかくとことん商品化について考えたことでブロックが売れる商品になったのだと思います。

柴崎　ブロックに対しての固定概念を捨てたのですね。商品開発のためのユーザー目線とはどうやって得られたのですか？

齋藤　大手のターゲットと同じ土俵で戦わないこと、お客さまのために何ができるか、何を求めているのか、お客さまのためだけを考えた結果です。そして、お客さまが何を求めているのか、提案するために勉強会を開いたり、販売店と本気の付き合いをしたりするということになりますね。

■まず自分が変わらなくちゃ!!

柴崎　人材についてはどうですか？　集め方と教育につ

いて教えてください。

齋藤　人材はほぼ中途採用です。主人の代で社員を2倍に増やしましたが、人材育成も組織改革もできなくて、私は社長塾に半年入り、現場主義の皆さんにたくさんいろんなことを教わりました。組織改革に社内改革、そして風土を変えるとか、またＩＳＯの仕組みとその使い方など……。しかし、人を変えるならまず自分が変わらないといけないと分かりました。自分が変わってはじめて人間関係がちゃんと構築されて、改革が進んでいくことが分かったのです。

柴崎　皆変わりましたか？

齋藤　本気で向き合う自分がいて、それに応えてくれる社員がいて、初めて組織改革もできました。「なんで?!」から「どうしたら」という考え方に変わりましたね。

柴崎　理由が分からなくて社員に辞められると痛いですよね、でもその原因が自分だったりして（笑）。

齋藤　そうなのですね、私も自分が変わらなくちゃいけ

ないと思い選択理論を学び「身に付けたい7つの習慣」を実践しました。今は娘が一緒に働いてくれているので、継いでくれるかもしれないという期待を持っています。あと半世紀続けて「百年企業」になってほしいです。

■ブロック1個でも満足してもらえる秘策とは？

柴崎　これからどうしたいですか？

齋藤　今までと全く違う使い方、積まない、敷かないブロックを開発しました。ネット販売も重い商品なので無理かもと思いがちですが、ブロックが1個なら、それに価値があれば送料が高くても買ってくださいます。そういうブロックを考えればよいのです。

　今も、ブロックに写真や文字をプリントできる商品を作っています。亡くなったペットの墓石代わりにする方もいらっしゃいます。

柴崎　まだまだブロックには未知のニーズが眠っているのですね。勉強になりました。

Vol.29

近道より遠回りで行け

老舗の醤油屋「有田屋」は、オーダーメードでたくさんの店に提供することで、新たな客のニーズをつかもうとしている。その有田屋の祖先は同志社大学を創立した新島襄から洗礼を受けたクリスチャン。地域貢献のため安中市に私学「新島学園」を開校し、全人教育にも取り組んでいる。

有田屋

HP[http://www.aritaya.com]

湯浅《ゆあさ》　康毅《こうき》氏

プロフィール

天保３年創業、180余年続く老舗の醤油醸造元の当主であり、かつ新島学園の理事長。新島学園の創設の他、各界で活躍する人材を輩出した湯浅家に生まれる。天然醸造の醤油造りが家業。

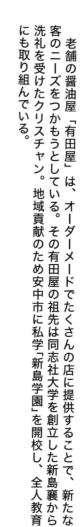

■外の社会のフィルターで、違う世界が見える

柴崎　湯浅さんは、どんな青少年時代を過ごしたのですか？

湯浅　安中では有名な店の子だと見られていましたが、われ関せず好きなことをして生きてきました。アメリカの大学の日本校に在学後、アメリカの本校に転校したのですが、その頃がひとつ家業を継ぐきっかけになりましたね。

柴崎　大学を卒業した後すぐ家業を継いだのですか？

湯浅　いいえ。スーパーで販売の仕事をしました。ちょうどサービス業は流通革命の時代でしたから、そこでの経験は今ではとても役立っています。

柴崎　外から見る「家業」とはどうでしょう。

湯浅　いつかは継ぐという気持ちがありましたが、古くさい醤油屋だなと思っていました。しかし、外の社会のフィルターをかけて見ると、醤油屋が魅力的な存在に見えてきたのです。どんな料理にも合う万能調味料としての醤油の魅力といいますか、海外でも通用する日本の誇れる文化だと思いはじめました。おそらく根っからの醤油好きだったからでしょうね。

■オーダーメード的な醤油とは？

柴崎　調味料はすでに大手が参入しています。それにどうやって対抗しているのか、興味がありますね。

湯浅　確かに、基礎調味料が重視されず、すぐに食べられるお総菜やお弁当などに注目が集まる時代です。調味料を売る、ということに大変苦労をしました。だからこそ、どうやって有田屋の醤油を知っていただくかが大事です。まず物産展や醤油の醸造蔵に行って、醤油の作り方にもいろいろあることを気付かせてもらいましたが、特に大量生産ではない小さな醤油醸造蔵の職人技に驚きました。そして、醤油を下手に売り込もうとしないで、もっとおいしくするための調味料であると見直してもらうように努力したのです。

柴崎　つまり、どんな醤油なのですか？

湯浅　消費者の方が求めるオーダーメードに近い醤油です。使う家庭や店に応じて味を変える、天然醸造で手作りの醤油です。麹菌や酵母などの影響による発酵の力のみで醤油を作っています。人の都合ではなく、菌の都合で製造しています。例えば発酵を促進する速醸方法や、味を整えるための食品添加物の使用は、一切しません。有田屋では、季節を通し自然の流れに任せて発酵させています。今はこの醸造方法で作っている醤油蔵はかなり少ないですね。こだわりを持って、手間暇をかけて作ったこの一滴で、お客さまをどれだけ満足させられるかが勝負ということになります。

柴崎　一滴で勝負。すごいなあ。最近は各地で「有田屋」の名前を見ますよ。

湯浅　ありがとうございます。ここまで長い間、命をつないできたわけですから、先人たちに見られても恥ずかしくない味を作りたいのです。

柴崎　今後の展望はありますか？

湯浅　今極めつつある醤油を次の時代に残していくことが一つ。しかし、できる量が限られているので、やはり量より質の勝負で勝つために味を追求します。

■醤油屋の当主が私学設立して地域貢献

柴崎　さて、学校法人新島学園の理事長をされていますが、これは祖父の湯浅正次さんが創立されたのですね。

湯浅　はい、新島襄の洗礼を受けた湯浅治郎の孫が正次です。正次が創立しましたが、国から認可が下りて開校した際に初代理事長となったのは、治郎の息子である湯浅八郎（第十代十二代同志社総長・国際基督教大学初代学長）です。

柴崎　湯浅さんが理事長に就任されて5年が経ちましたが、今後はどんな教育を目指していかれますか？

湯浅　どちらかと言えば私は商人ですから、教育を語るのは少し気恥ずかしいのですが（笑）、まずは人づくり

と日本の文化づくり、そして地域づくりを目指す教育でありたいと思っています。
　また、新島学園で学び卒業したら、まるで乾いたスポンジが水を吸うように社会を理解できる、磨けば必ず輝く人材になってほしいですね。
柴崎　安中市の地域活性化のために有田屋という醤油醸造、そして新島学園が必要不可欠なものとなっていますね。
湯浅　確かに地域活性化に少なからず貢献させていただいているのかなと思っています。これからも何かしら役に立っていきたい……。それには、自分の街について自分のことだけ考えるのではなく、また一部だけに任せず、一人ひとりが〝自分事化〟していくことが求められると思います。せっかく興味を持って訪問してくださる方々にも表面的な価値のみを伝えるのではなく、もっとこの地に根差したユニークな歴史や文化を一緒に深堀していくような取り組みがこれからますます求められてくると

思います。そういった安中市の見えにくい資産を共有して、その先の未来を見据えていきたいと思っています。

■失敗しても大した影響はない

柴崎　最後に湯浅さんの子育て論を教えてください。

湯浅　「遠回りしろ、近道するな」ですね。湯浅家に生まれて、感受性豊かに育てられたと同時にプレッシャーもありました。しかし、外野からの声に惑わされずに自分で考えることが大事であり、身をていして何かに挑戦することも大事だと思います。今は何かと便利な時代ですが、もっと手間をかければ、違うものになることがたくさんあります。世の中はやってうまくいくことばかりではないので、遠回りして失敗した者勝ちというか、失敗しても大した影響はないぞと大きな声で言いたいですね。

Vol.30

教え過ぎ、用意し過ぎたら子育ては失敗する？

世界と比べて遅れている日本の食育を変えたいという林さんは、赤城の農家仲間と「赤城キッズファーム」というＮＰＯ法人をつくり、仕事と並行して子どもたちの食育に取り組んでいる。群馬が日本一の食育王国になる日は近いのか？

NPO 法人まえばし農学舎
HP[https://www.maebashi-ngs.com]
林《はやし》　智浩《ともひろ》氏

プロフィール

前橋市出身。東京の大学を卒業後、営業の仕事をしたが、ハム職人になりたくて赤城山へ。「赤城キッズファーム」は子どもたちの食育の一貫として地域貢献になっている。直営の農場レストラン「とんとん広場」も大好評。

■その土地特有の乳酸菌で味が変わる

柴崎　林さんは、ずっと群馬ですか？
林　前橋出身で大学は東京でした。起業がしたくてまずは修業のつもりで営業職に就きましたが、今はハム職人です。
柴崎　まえばし農学舎とは何をなさっているところなのですか？
林　赤城キッズファームと名付けて、子どもたちの農業体験などのプログラムを展開しています。また、会社では豚肉を使ったレストランも経営しています。
柴崎　群馬県も赤城を観光で盛り上げようとしていますし、家族で楽しめるという意味で、良いですね。
林　赤城といえば何だろう？　と思った時に、まだやれることがある面白い土地だと感じました。養豚の生産量が群馬県は比較的多くて全国にさまざまな取引先があります。豚のブランド化とともに、その土地その土地の乳酸菌を使ったハム作りにも取り組んでいます。
柴崎　その土地の菌、とはどういうことですか？
林　風土によって違ってくるといいますか、同じレシピでも違うもの、つまりその土地特有の味になるのです。自家製ハムの店は群馬県に少ないので、直営や提携店など、これから増やしていければと思っています。
柴崎　自家製ハムって、私もたまに挑戦したりしていますが、市販のものより格段においしいですよね。

林　先生も作られているのですか?!　手作りベーコンとかもおいしいですよね。前橋市には手作りハムの店がまだ1軒しかないのです。

柴崎　それは少ない……。農業体験はどんなことをするのですか？

林　赤城の同年代の農業仲間とNPO法人を立ち上げまして、「赤城キッズファーム」として、子どもたちと乳製品を作ったり、ウインナーを作ったり、農業体験による食育を行っています。土作りからはじめて野菜を育てて販売するための値付けもしたりします。

■日本の食育は世界で遅れている

柴崎　農業体験だけでなくビジネス体験もって感じでいいですねえ。それは楽しいでしょう、子どもたちも。

林　そうなのです。子どもたちが店に手作り商品を出して自分たちで販売したり、その収益を次の活動資金にしたり、全部を一つのパッケージとしているのです。

柴崎　それは林さんの「日本の食育をなんとかしたい」という思いからきているのですか？

林　はい、日本の食育は世界に比べて遅れていますから。欧米、特にフランスは食育先進国で、サマースクールで農家に住み込んで働いたりしていて、ある意味生産者と直接つながっているのです。だから食べ物を大切にします。日本はまだ消費者と農家に距離がありますね。しかし、子

どもが農業体験して変わっていくとその親たちの意識も変わるので、やっていて面白いですね。

■自分が苦労して作ったものはおいしい

柴崎　スーパーの中には野菜を値下げして売っているところもありますね。

林　　農業が軽んじられている気がしてしまいますね。だからこそ、若い人たちが目を見張るような先進的な農業の機械とか、正しい農業とカッコイイ農業の両方を子どもたちにも体験してもらいたいんです。そうすれば収穫の喜び、米や農作物の本当の価値が自分の肌で分かると思います。

柴崎　ただ食べるだけの米や野菜ではなく、どういう場所でどうやって作られたかを体験してから食べるということですね。それは素晴らしい。

林　　やはり苦労して作った食材は食べてもおいしいのですよ。ただ、親子で体験会を開くと、つい親が子ども

に声や手を出してしまうのです。裏方として手伝って、子どもの成長を見守ってほしい。そうすれば感激の度合いも違うと思います。

■仲間がいればいろんなことが可能になる

柴崎　林さんのご家族だけでなく、地域にいろんな仲間が協力し合っているのですね。

林　はい、露地物とかビニールハウスの野菜農家や酪農農家、そしてマスの養殖家は、マスの釣り堀で子どもたちと釣りをしたり。あとは大豆栽培、大豆を使って納豆作り体験などもします。元々お互いに知り合いではありましたが、なかなか集まれなかったのです。まず酒を飲んで仲良くなって、その後真面目な話で集まったりして、みんなでやればいろいろやれるという自信ができました。

柴崎　みんなで地域の産物の価値を高める取り組みっていいですね。

林　いま食育だけでなく、観光事業の組織としてどういう取り組みが必要かをみんなで考えて話し合っています。赤城山がその拠点ということになります。

柴崎　キッズファームに参加している子どもたちに期待していることや教育で気を付けていることはどんなことですか？

林　全て教えてしまうような押し付けではなく、ちょっと放っておいて、自分で考えさせるような食育、たとえば何か効果のある草むしりとか、大人の考えではなく、子どもたちが自分なりに考えたやり方をすればいいのだと思います。あまり干渉し過ぎない方が子どもは育ちます。

柴崎　林さんの子育て論ですね。塾でも、あまり準備しすぎてしまうと子どもは何もやらなくなりますね。牧場と同じで放牧しておくのもいいのかなあ。

林　何もないところで遊ばせると子どもたちは、大人が考えつかないようなことを考えて何かやりはじめる、それが面白いのです。

柴崎　ぜひ、うすい学園にも「食育」の指導に来てほしいと思います。

Vol.31

本を読み考える力が、誰もやらなかった商品開発を成功させた

あかぎ深山ファームは、全国の農家や団体が見学や研修に訪れる「農業生産法人」。東京でそば店を営んでいた髙井氏が故郷の渋川市赤城町に戻り、先祖伝来の畑でソバ栽培をして、そば粉販売を手掛けるようになった。「考える力が大事」と主張する髙井氏がこれまでの苦難の道とこれからの夢などを語る。

あかぎ深山《みやま》ファーム
HP[https://akagimiyamafarm.com]

代表取締役
髙井眞佐実《たかいまさみ》氏

プロフィール

都内でそば屋と造園業を営んでいた髙井氏は、14年前54歳で群馬県渋川市で就農。そば屋の経験からそば粉を提供する生産者に転身。デリケートなソバの栽培と魅力あふれる商品開発を手掛ける。ここに至るまで「借金王」とまで言われるほどの苦労があった。

■世の中を観察する感性と嗅覚が大事

柴崎　なぜ、そば粉のお仕事なのでしょうか？
髙井　元々東京でそば屋を営んでいましたが、15年ほど前に店を畳み、渋川市赤城町で農業を始めました。いろいろとやってから、環境にも配慮して「こんな蕎麦《そば》なら食べてみたい」と自分が思うようなそば作りに取り組みました。ソバは傷みやすく、「色・味・香りの三拍子」がそろっていないと商品力がありません。だから「新そば　あります」などの張り紙が秋になると、どこのそば屋にも張り出されて、皆さん召し上がるのです。
柴崎　変質しやすい生もののソバをどうして手掛けようと思ったのですか？
髙井　故郷の畑が荒れ果てていて、広い耕作地をなんとかしたいという思いがまずありました。そして、客の好みが分かってそばを打っていましたので、こんなそば粉でそばを作れば高い商品価値が生まれるという考えもありました。
柴崎　デリケートなソバの生産に大きな投資をするのは大変勇気が必要なことだったでしょう？それを後押ししたものとは何ですか？
髙井　常に動いている世の中を観察する自分の感性と嗅覚が大事ですね。どうしたら商品を客に選んでもらえるのか？　この商品はなぜ選ばれているのか？　それを常に考える力が大切だと私は思います。自分の考えから商品開発に変化が生じて、たくさんのそば屋さんから求められる商品が生まれたと思っています。

柴崎　生産されたそば粉が今では乾燥倉庫に保管され、全国のそば屋で食べることができるわけですね。

■高い「商品力」の作り方とは？

柴崎　全国から見学や研修に来られた皆さんはどんな反応ですか？

高井　まず「ここまではできないなあ」と言われますね。商品力が高ければそこに価値が生まれますから、オンリーワン、地域No.1のものを作ろうと思い、手間暇かけています。

柴崎　高井さんの取り組みが、ＮＨＫで放送されたそうですが、反響はいかがでしたか？

高井　もう電話が鳴りっぱなしで（笑）……。そのほとんどが「○○に住んでいますが、どこに行けば食べられますか？」というものでした。うちのそば粉は東京都内の老舗そば屋をはじめ神奈川、静岡、愛知、京都、九州地区などのそば屋に販売していますが、外国からの安いそば粉より高いので、それなりの店でないと食べることはできません。

柴崎　素晴らしい。そばというのはかなりの訴求力があるのですね。

■畑から持って出るのはソバの実だけ

柴崎　肥料や農薬についてはどのように使われているのですか？

高井　環境に負担をかけたくないので使っていません。畑から持ち出すのはそばの実だけという考え方が基本であり、CO_2を土の中に固定するため、食べられるもの以外はまた畑へ……。根・

茎・葉・ソバ殻なども土に戻し微生物の餌になるという「循環型農業」を心掛けているのです。

柴崎　そうか!!　環境問題も含めての価格設定ということですね。

髙井　自分が何をすべきかを考えれば当然のことなのですが、実行するのはなかなか難しいものがあります。

柴崎　やり切っているところがすごい。

髙井　たかがソバですが、投資と手間を惜しまなければ高品質のソバができるのです。ある雑誌の対談で「借金王」とか、カミングアウトしてしまいました（笑）。

柴崎　ははは……。髙井さんをそこまで突き動かすものは何ですか？

髙井　よく本を読むのですが、本から問題を出されているように感じ、自分の考えでその答えを出そうとして考えに考えて、問題解決のために実行してきました。その繰り返しで今があるように思います。

柴崎　課題が出て、考えてまた考えて、そして実行して

解決していく……。うすい学園の教育に似ていますね（笑）、素晴らしい。

高井　ありがとうございます（笑）。

■ソバ以外でも大きく事業展開できる作物がまだある!!

柴崎　農業に興味を持つ若い人たちに何かメッセージはありますか？

高井　高齢化で農地が余る時代ですが、そこに大きなビジネスチャンスがあります。ソバ以外にも大きく事業展開が可能な作物があると確信しますが、やるからにはしっかりとした考えがなければ成功には至らないでしょうね。

柴崎　群馬県は全国でも有数のソバの産地になっていますが、高井さんがそれに大きく貢献しているのですね？

高井　自慢話になってしまうかもしれませんが……、反当たりのソバの収穫量は群馬県が日本一であり、群馬県のそば粉の3分の1を赤城深山ファームが生産していま

す。私たちの努力が群馬県を日本一に押し上げたといってもいいと思います。

柴崎　髙井さんのように努力して成功するために何が必要だと思いますか？

髙井　学校だけでなく塾でも、子どもに考える力を養ってもらいたい。考えれば考えるほど、先のことが分かるようになります。

柴崎　事業継承も大事になってきますね

髙井　私も68歳ですから、次の時代の要求に応えられる若い世代に無理なくバトンを渡していければと考えています。

Vol.32

自分のハードルを越えれば夢が現実化する

祖父の倒産で弁護士のプラス面とマイナス面を見たことと、中学の時に個人塾で勉強の仕方を教わったことが、その後の高校・大学受験、そして弁護士を目指す道へと続いていく。人間は目的意識が強くなれば自分の天職を強く意識するようになる。

弁護士　たかさき法律事務所

HP[http://www.takasaki-law.gr.jp]

長井《ながい》　友之《ともゆき》氏

プロフィール

高崎高校から中央大学法学部卒。群馬弁護士会所属。目標は、総合病院に例えられる専門性と多様性を備えたローファームを築き上げ、地域に貢献すること。現在は『たかさき法律事務所』の責任者として後進の育成にも力を注ぐ。

■両極端な弁護士を見た結果、弁護士に興味をもった

柴崎　弁護士になろうと思ったきっかけは何だったのですか？

長井　中央大学の法学部に入ったのですが、明確な人生の目標は持っていませんでした。それで、卒業時に「将来何をしたいか」考えてみましたが、とりあえず司法試験に合格して弁護士にでもなろうと思いました。当然のことながら、「とりあえず」といった根性では合格などあり得ません。合格前夜になり、ようやく、合格するためには、「才能・努力・運」の3つのうち1つでも欠けてはいけないのだと分かりました。そのことに気付くまでは、自堕落な受験生活をしておりました。食べるために、東京都中央区の臨時職員や中学校の夜警、そして予備校講師のアルバイトをしながら、お気楽な受験生活をしていました。

柴崎　まさにモラトリアム!?　弁護士とか医者志望の人がそのまま塾の講師とか、自分の塾を開業というケースも結構あるのですよ。

長井　そうなのですね、まさにそうなりかけていました(笑)。もしかしたら、群馬に戻ってきて「うすい学園」の先生にしていただいた可能性もありますね（笑)。

合格したのは30歳を超えていましたが、父は自分が恥ずかしいくらいとても喜んでくれました。自分では、首の皮一枚繋がったくらいのことでしたが、やはり、ホッとしたことを覚えています。

それで肝心の質問への回答ですが、小学校1年の時に借金が原因で、質屋と米屋を営んでいた家が差し押さえになり、6年ほど貧乏生活でした。債権者側には、憎らしい弁護士と優しい弁護

士と両方いまして、子どもながらに強烈な印象を持ちました。弁護士という職業に対してです。家族からも「お前は口が達者だから弁護士にでもなれ」と言われて、まんざらでもない気持ちになったり（笑）……。子どもでしたので。

■「負け戦の出口を探す」とは？

柴崎　さあ、弁護士になりました。どんなお仕事だと思いましたか？

長井　実は弁護士という仕事の中身についてはあまり考えていませんでした。合格することだけが目的になっていたところがあります。今考えると、高いハードルを越えたい、という自分の願望を満たすことだけが自分の勉強の全てだったように思います。ですから弁護士の研修がはじまると気持ちと実際にはかなりギャップがありましたね。ただ当時弁護士という職業は恵まれていて、普通に努力すれば食べていくことができました。当時私は「負け戦の出口を探す」仕事だと思いました。

柴崎　「負け戦の出口を探す仕事」……なんとなくカッコイイけど、仕事の中身は大変なのでしょうね。弁護士になる前となった後の気持ちの変化はどうでしたか？

長井　合格する前の20代は劣等感のかたまりみたいでしたが、むしろ劣等感よりも、僅かに残っていた【夢】の方が今役に立っていますね。若い人たちには夢をもって生きてほしいですね。

柴崎　劣等感より夢……。人生がこれからという人には、とても大事なことですね。

■塾で「勉強の仕方」を教わった

柴崎　小中高の勉強で役に立ったことはありますか？

長井　知識としてはそれほど役に立っていないかもしれませんが、中学生の頃、目標に向かって努力する姿勢や自分を鍛錬して変わることができるのだと自覚したことが役に立っています。

　遊びたい盛りに自分でいろんなものを我慢して勉強し成果を出すこと自体、成績がどうのこうのではなく、「精神的な成長」という意味でとても大事なことだと私は思います。

柴崎　長井さんの司法試験合格までの大きな原動力になったものとは何でしょうか？　強く背中を押したものとは？

長井　「妻との出会い」が大きかったですね。遊び呆けていた「エセ受験生」だった私を疑うことなくついてきた妻には、感謝しています。そして、親孝行をしたいという贖罪《しょくざい》感に近いものが当時の私の原動力でした。また、負けず嫌いと性格が担保していたと思います。何か突破口を見つけようとする時、自分が頑張るしかないのだと思えたことでしょうね。

柴崎　それは「勝負師のような性格」なのでしょうね。いざとい

う時に潜在的な力が湧き出るというような……、中学の時に頑張った要因は何ですか？

長井　中1の冬に、9歳上の姉の担任だった矢野先生という方が退官して塾を開いておられた（家庭教師に近い）ので、そこで【勉強の仕方】を教わったことが大きいですね。点取り合戦ということではなく、合理的な努力の継続により、いろいろと自分が変化してゆくことが自覚できましたし、成績という結果がついてくるので、張り合いがありました。勉強が楽しく、好きになりましたね。

■プロとは「知らない案件でも、次回までに一流のレベルで戦える人間」

柴崎　今勉強している小中学生や高校生に対して、もし弁護士を目指すのであればということで、何か長井さんからアドバイスはありますか？

長井　私は、勉強だけでなく、遊びも勉強も子どもたちにとって大事だと思います。いろいろ友達といたずらややんちゃなこ

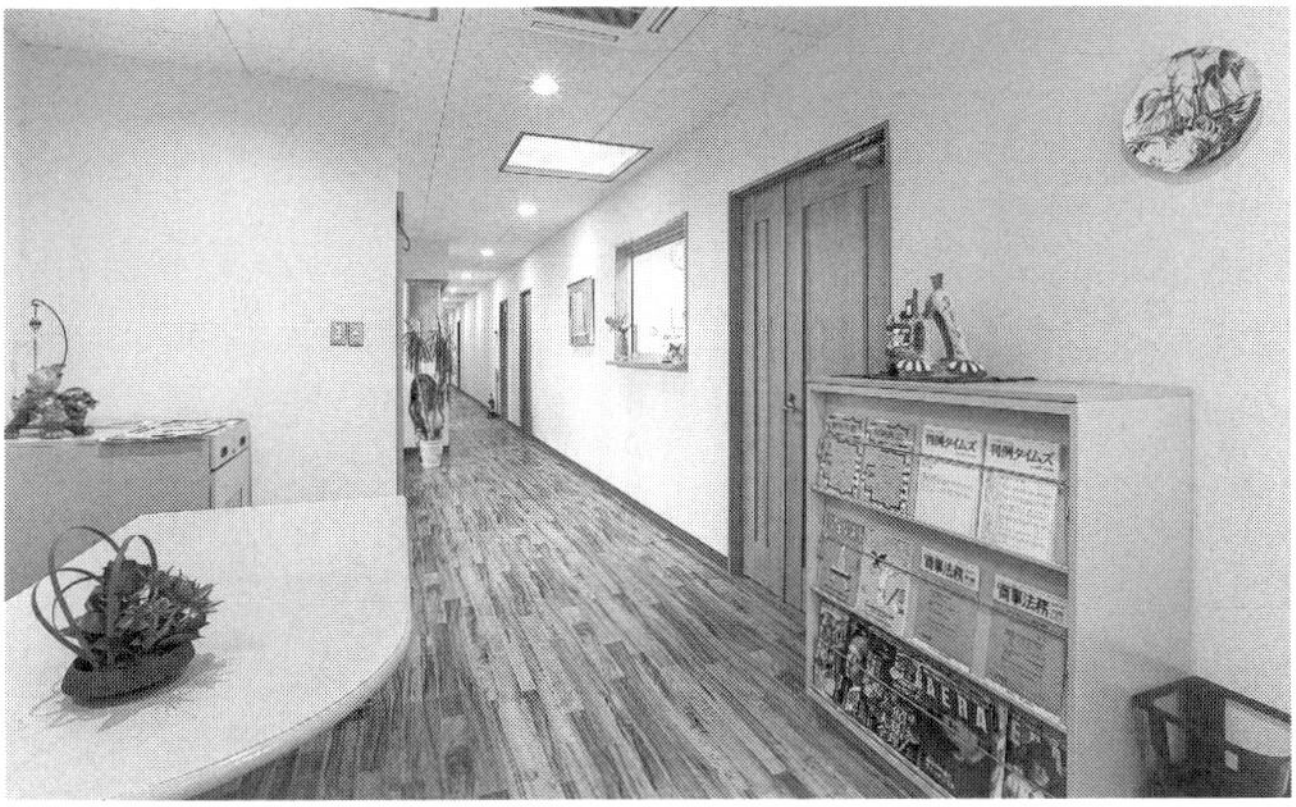

とをして、学校に親が呼び出された時、先生がどういう対応をしてくれるかも大事だと思います。それで子どもの将来が決まったりしますからね。実際のところ、法学部には入りましたが、法学部の学生が全員最初から弁護士を目指しているわけではありません。私の感覚では、法学部って人生の目標のない人が集まる学部みたいな感じなのです。

それは、良い方に解釈すれば「潰しのきく場所」と言えるでしょうか。ところで、今の中学生くらいで思い込みが強すぎるとあまり良いことはありません。多様な職業を視野に勉強してほしいと思います。将来、どのような方向にも羽ばたけるための、基礎力を蓄えてほしいと思います。

柴崎　最後に弁護士として何か言いたいことはありますか？

長井　プロとは、知らないことにぶつかった時に、「極論、翌日までに一流のレベルに到達できる人間」だと思います。私は弁護士という資格を持っていますが、実は知らない法律だらけなのですから（笑）。何事も、既存の引き出しだけで勝負はできないことを自覚すべきですね。

Vol.33

江戸中期から12代続く産婦人科とは？

最新医療設備と技術だけでなく、患者の不安をなくすことが医者の役目と考え、医療の透明性と患者目線の医療を心掛ける佐藤病院。江戸時代から続く病院を継承した責任を感じつつ、父とは違うカラーでさらなる進化を目指している。

産科婦人科舘出張　佐藤病院
HP[http://www.sato-hospital.gr.jp]

佐藤《さとう》　雄一《ゆういち》氏

プロフィール

順天堂大学医学部卒。産科婦人科舘出張 佐藤病院院長、佐藤病院グループ代表、産婦人科医。日本産婦人科学会専門医、日本生殖医学会生殖医療専門医など、多くの専門医資格を持ち、女性のココロとカラダの健康を支援している。子宮頸がん撲滅を目指す『NPO法人 ラサーナ』の理事も務める。著書に『今日から始めるプレコンセプションケア』（ウィズメディカル社）

■父の時代とは違うカラーの病院にしたい

柴崎　子どもの頃から医者になろう、家を継ごうと決めていましたか？

佐藤　跡取りとして育てられたので選択肢はありませんでした(笑)。家庭内教育において、父の誘導がうまかったのでしょうね。ですから、私にも反発する気持ちが無かったのだと思います。

柴崎　どのように育てられたのですか？

佐藤　父からは医師がどれほど素晴らしい職業か、繰り返し教えられて育ちました。夜中に緊急手術で呼び出されても「かわいい赤ちゃんが生まれたんだよ！」と明るく、楽しそうに話す父の背中を見ているうちに、医師になろうという気持ちが自然に芽生えました。

柴崎　楽しそうに仕事をする父の背中、大切ですよね。家に帰ってくるお父さんが疲れ切った顔をしていたら、子どもは将来に夢も希望も持てません。さて、大学に入られてからはどうしたのですか？

佐藤　比較的早い時期に大学病院から実家に戻り、副院長としていろいろと学んで２０１４年に院長になりました。父の頃は医師が2～3人の小さな病院でしたが、今は医師10人、スタッフ全て合わせると約１７０人の規模になっています。ですから、ただ患者を診るだけでなく、集客や戦略、病院・人材のマネジメントなど、経営者としての仕事もいろいろやっています。

柴崎　大きな病院になると経営もいろいろと大変ですね。どういうところに気を付けてマネジメ

ントしていますか？

佐藤　私で12代目ですが、今は特に「その道のスペシャリスト」になることを意識しています。

柴崎　なるほど。やっぱり医療も個人経営が減って大手が他所から入ってくるのでしょうから差別化がポイントですね。

佐藤　医療の透明性を重点的に改善しつつ患者さまの目線での医療を目指したいですね。さらに社会貢献することにより、ブランドを高めたいです。

■産科医はたくさんやりがいのある仕事

柴崎　産科医のやりがいというのはどういうところですか？

佐藤　たくさんあります。感謝される数だけやりがいがあるという感じです。不妊治

療で赤ちゃんを授かり、無事に出産までサポートできた時は感動で泣きそうになるくらい、モチベーションが上がります。女性が生活しやすいようにサポートができることも嬉しいです。この地域が少子化にならないよう、医師とは別のアプローチから取り組むこともしています。

■生半可な気持ちで医師を目指すな

柴崎　うちの塾生でも医師を目指す子が多いのですが、どのような学校生活を過ごされましたか？

佐藤　比較的幼い頃から勉強はしていたと思います。当時はまだ塾に通っている子どもが少なかったので、ちょっと勉強をすると成績が上がり、自分に自信が持てました。

柴崎　部活動はどうでした？

佐藤　部活もやっていましたよ。塾に行くために早退しなくてはいけない日もあって、そんな日は先輩から嫌み

を言われた時もありました（笑）。でも、目標をかなえるためなので仕方ないと思っていました。

柴崎　これから医師を目指す子どもたちに伝えたいことや、心構えを教えてください。

佐藤　厳しいようですが、一番に伝えたいことは、「生半可な気持ちで医師を目指すんじゃないぞ！」ということです。ハードな仕事ですし、もうかると思ったら大違いです。ただ勉強ができるからという理由や、親からすすめられたという理由で医師を目指すと不幸な道になります。

それと、医療とは、人と接することが好きでないとできない仕事です。患者さまと共感ができて、その人が何をつらいと思っているかを知ろうとする努力ができる人。医師はただ治療ができればいいだけではなく、患者さまと話し、何に悩んでいるのか、その解決策は何か、と話していくんです。正論や医学的に正しいことだけを伝えても、患者さまは不安なまま帰ってしまいます。医

者は科学者でもあり、コミュニケーションを提供する立場ですから、安心感を与えることも大切です。
柴崎　なるほど。覚悟が必要ということですね。
佐藤　そうです。あとは、常に学ぶ姿勢も必要なので学生のうちから好奇心を持って勉強に臨むと良いと思います。医療は常に進歩していますので、医師になった今も勉強の日々です。

Vol.34

言葉を発しない動物とのコミュニケーション

人間だけでなくペットも高齢化時代へ突入。介護が必要な動物も増えている。人間を癒してくれるけれどもモノ言わぬ動物たち。どうやって診察し治療しているのか、興味深い動物医療の現場の話が続々と出てくる。

獣医師　大久保動物病院
HP[http://www.okubo-ah.com]
辻《つじ》　禎美《よしみ》氏

プロフィール
日本獣医畜産大学（現日本獣医生命科学大学）卒。和歌山県出身。大学卒業後、結婚を機に群馬へ移住。現在は「大久保動物病院」勤務。長年の医療経験を生かして、犬、猫をはじめ、牛、豚、鶏、鳥類、魚類まで、人間以外の動物は全て診察するというベテラン獣医師。地域におけるより良い獣医療を心掛けている。

■ペットの死をきっかけに獣医師を目指す

柴崎　辻先生は、いつ頃から獣医師になろうと思ったのですか？

辻　3歳の頃から犬を飼っていました。その犬が死んで、なぜ家の犬は死んだのだろう？という疑問や後悔がきっかけで、小学校3、4年の頃には獣医師になると言っていたように思います。

柴崎　ペットの死というのは、子どもにとってはとても大きなショックですね。ところで、獣医師になる女性は多いのですか？

辻　私の頃は1学年の約2割でした。今は女性のほうが多くなっています。

柴崎　獣医師になるための勉強というのは、動物のことだけ勉強するのですか？

辻　基礎の授業は、どの学科でも同じだと思います。学年が進むにつれて、専門の授業が増えてきます。私の時代は、まだ家畜が中心でしたが、人間以外の動物全てが対象です。

柴崎　動物病院の仕事では、どういうところが一番大変なのですか？

辻　言葉を発せられない動物たちのサインに気付き、診断のために検査を行います。動物たちは、何をされているか分からないので、非協力的なところもあり、その不安を取り除くようにしながら、検査、診断、治療を行っていくところだと思います。

柴崎　動物とのコミュニケーションも取りながらの診察や治療ということですね。それは大変……。

■ペットも介護が必要な時代

柴崎　ペットにも高齢化問題があると聞いたのですが、一体、どういうことでしょう?

辻　獣医療や予防の進歩で寿命が延びてきます。老齢疾患が増えてきているのも事実です。加齢による関節疾患や白内障、認知症などの病気があります。また、寝たきりになってしまう動物もいます。そうなると褥瘡《じょくそう》(床ずれ)ができることもあります。そうならないような介護グッズも多くできています。

柴崎　ということは、薬とかサポーターとかヘルシーなフードとかが売れるわけですね?　人間と同じようにサプリメントを飲んで運動もしなくちゃいけない……。

辻　サプリメントも多種多様なものがあります。それぞれの症状に合うのを選んで使っていただいています。運動は必要ですね。

柴崎　先生って、ほとんど休んでいないのではないですか?　いつも病院にいますよね。先生ご自身の健康管理はどうされていますか?

辻　週2回と年次休暇はきちんといただいています。健康診断も必ず行っています。やはり、自分が健康でないと動物の健康は守れないと思います。

■意外に狭い獣医師への道

柴崎　獣医師になるには、どういう大学を目指せばいいのですか?　学費も一般の学部学科に比べて少し高いのでは？

辻　獣医学科に入学することです。国公立で11校、私立大で5校です。学費の面ではよく分かりません。というのもほかの学科の学費を知らないので……。

柴崎　医学部のある大学に必ずあるというわけではないのですね。

辻　医学部と獣医学部は、別の分野です。

■国家資格取得後も必要な学びの習慣

柴崎　獣医師になるためには、どんな勉強をすればいいのですか？

辻　基本的な5教科はもちろん、この教科は必要ないというものはありません。また、教科書で学ぶものだけでなく、見て、聞いて、触れて気付くというのも大事なことだと思います。

柴崎　何か学習しているときに気を付けていたことはありますか？

辻　本はよく読んでいました。疑問点は解決するよう心掛けていましたが……、なかなか全てというわけにはいきませんでした。獣医療も日々進歩していますので、最新の治療法などを学ぶため、セミナーや書籍で勉強して、取り入れています。

柴崎　学びとは一生ものですね。

Vol.35

人と人とがつながれば学びも重ねていける

「医道は終わりなき道」という佐藤拓医師は、群馬大学医学部で20年技術を磨き、念願の眼科クリニックを開業、スタッフと理想のクリニックづくりに取り組む。快適空間でさらに医道を極めたいという佐藤医師は、「夢中になることを見つけた人は成功する」と言う。

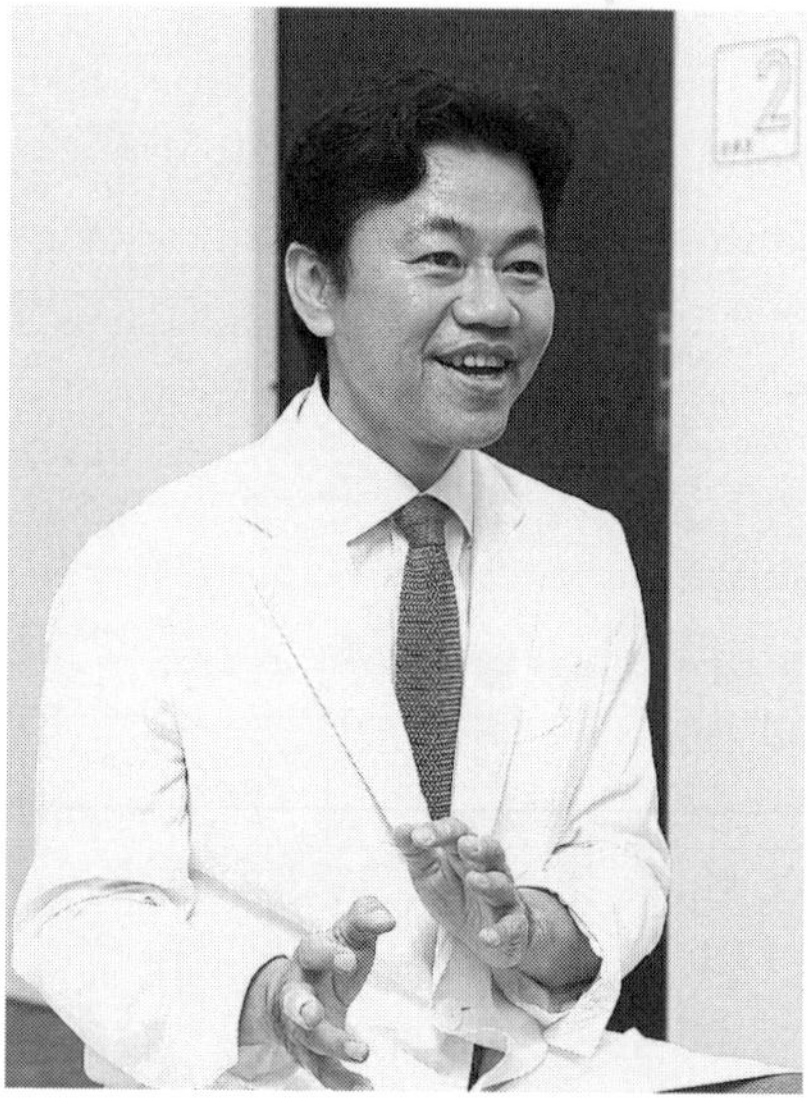

高崎佐藤眼科

HP[http://www.tsato-eye.com]

佐藤《さとう》　拓《たく》氏

プロフィール

宮城県出身。1996年群馬大学医学部卒業後、群馬大学眼科研修医、公立富岡総合病院に勤める。1998年から群馬大学眼科医員、同助手（現助教）、同講師を努めた。その後2016年からは眼科クリニック高崎佐藤眼科を開業し、加齢黄斑変性の診断・治療から、硝子体・白内障の手術、硝子体注射、眼科一般診療まで、大学病院で行っている診療を身近に、快適に、患者さまへ提供することをモットーに、患者さまとご家族と一緒に病気に対して向き合う「二人三脚の医療」を行うことで、信頼される眼科クリニックを目指している。

■眼科医の魅力

柴崎　佐藤先生は元々群馬の出身なのですか？
佐藤　いえ、宮城県出身で、仙台一高から群馬大学医学部に入り、そのまま群馬に居ついた感じです。父はサラリーマンです。高校時代に24時間テレビにはまり、募金活動とかしたのですが、直接人に貢献できる職業に就きたいと考えるようになり、医師を目指しました。
柴崎　なぜ眼科を選んだのですか？
佐藤　今は変わりましたが、当時は医学部にいる6年で全ての科を学び、その間に科を決めていました。その中で、自分は手術がしたかったのでどこにしようか、すごく悩みました。手術って劇的なんですよね。治るのも、逆に悪くなるのも。そこに魅力を感じ、手術ができる科にしようと思っていたところ、白内障の方が手術を受けて「見えない人」が「見える人」になった瞬間の現場に立ち合い、眼科を選びました。
柴崎　勤務医として群馬大学の医局で20年ですね？　何か続けてきた理由はあるのですか？
佐藤　大学は素敵な場所だったからでしょうね。それと、医師としての知識や技術など最新のものにすぐにステップアップできるのがありがたいのです。ただ、大学病院の使命は研究・教育・臨床で全てをしなくてはいけません。私はその中で臨床、患者と直接触れ合うことを一番にやりたいという思いが強くなり、開業を決意しました。

■本来あるべき眼科医療の集大成?!

柴崎　開業してやりたかったことは何ですか?

佐藤　大学病院でやれることは何でも自分の病院でできるようにしたい。それと自分自身もステップアップしたい。眼科としてあるべきスタイル、つまり眼科の中身を良くしたいとも思いました。

柴崎　具体的にどのような眼科にしたかったのですか?

佐藤　院内動線の見直しを図り、疲れない快適空間にしたいと思いました。あらゆるハードルをどれだけ下げられるか、スタッフと考えて改善したのです。大きな病院の外来は患者が多く、一日に350人とか診察するとお待たせする時間も長いですし医師側も大変です。私もそういった体験をしたからこそ、自分の眼科だったらこうしたいというものが湧いてきたのです。

柴崎　例えば座り心地の良い椅子とかあるといいですよね。

佐藤　そうなのです。そして、その椅子をどこに置けばいいのかとか、すぐに考えて直せることも自分の病院のいいところです。全国20カ所の病院や施設を回ってアイデアとか事例をメモして、私の眼科でそれを集大成したのです。

■自分が頼りない分、周囲が助けてくれる

柴崎　お医者さんなのに企業家のための「群馬イノベーションアワード」に参加されていますね。

佐藤　ご縁があり、応募して受かりまして、理想のクリニックにまた一歩近づけたかなと思っています。田中仁財団の田中仁代表との出会いで人生が変わり、本気で仕事をしよう、もっと良いクリニックにしようと、さらに考えるようになりました。

柴崎　スタッフ教育はどうされているのですか？

佐藤　私の弱点は人を怒ることができないことで（笑）、でも一緒の方向を向いてほしいという思いだけは伝えるようにしています。私が頼りない分周囲がしっかりしてくれていて、支えてあげなくちゃいけないと思ってくれるのかもしれません（笑）。

柴崎　病院って結構、ブラック問題とか労災問題とか大変ではないですか？

佐藤　当初は時間外労働が多くなり、ブラックになりかけたので、今はスタッフ数をもう必要ないという数まで増やしています。病院によっては受付の人は受付以外してはいけないなど、業務内容が契約にしばられる場合も

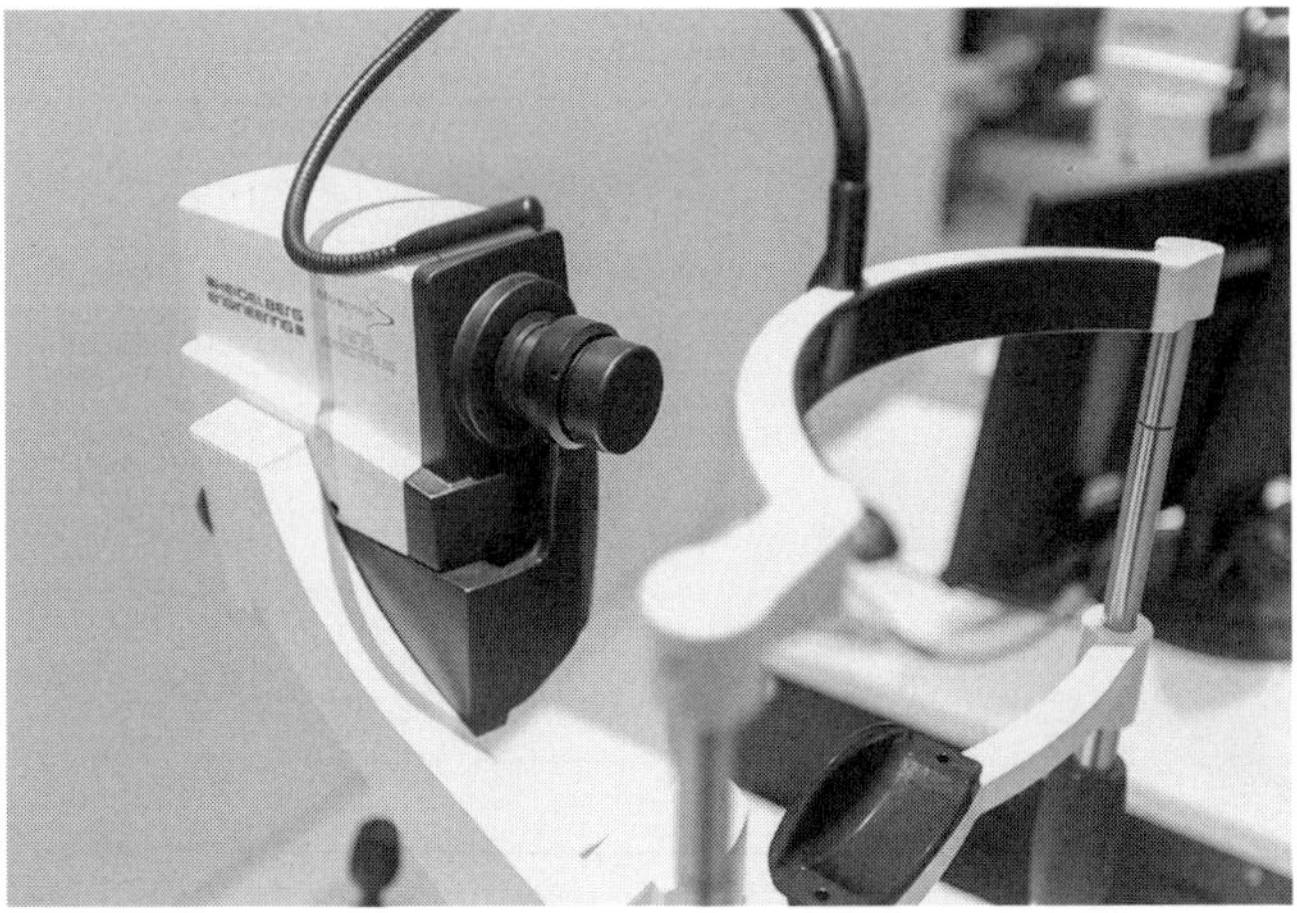

ありますが、うちはみんなで話し合って協力し合って調整するという体制です。時間帯によって仕事の忙しさに差がありますから、そのバランスをとって、できるだけ一人一人の業務内容にデコボコが生まれない工夫をしています。業務の助け合いとかシフト変更とかはまさにそうですね。

柴崎　仕事が特定の人に集中し過ぎないようにするのですね。

■夢中になることを見つけた人は成功する

柴崎　これからの目標とか、こうありたいというものがありますか？

佐藤　楽しい仕事だから無理なくやり続けられるのだと思います。成功した人は夢中になることを見つけられた人だと私は思っているので、自身もそうありたいですね。

あとは、群馬大医学部に岸章治先生と飯田知弘先生がおられて、こんな医師になりたいという私の憧れの医師

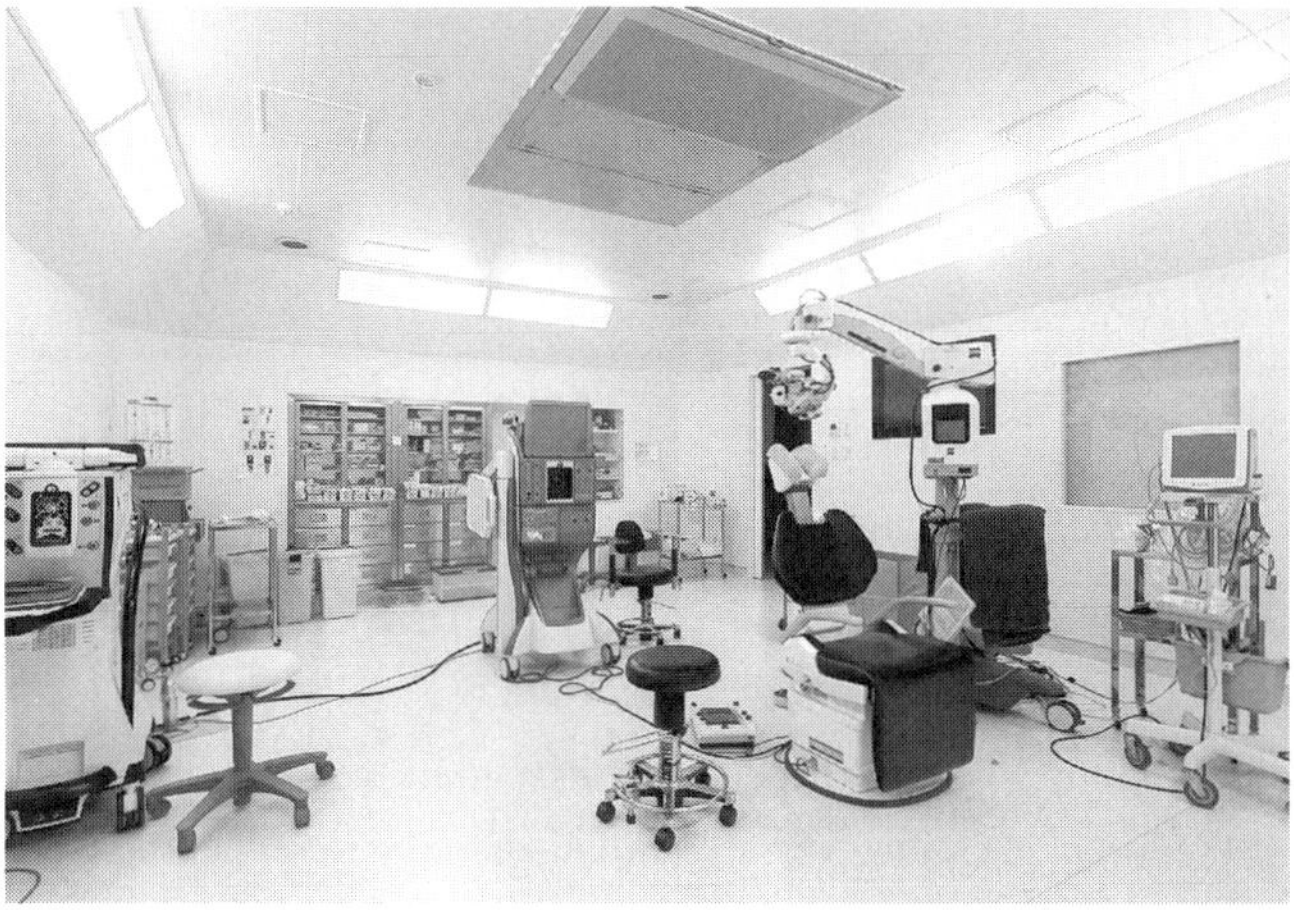

であり、目標でした。

■医道は終わりなき道

柴崎　医師にとって必要なことってどんなことですか？

佐藤　私が目指す医師像では、患者を「どれだけ大事な人と思えるか」が重要だと思います。ただ、救いたいという思いだけでは救えません。医療は終わりなき道で、立ち止まったら終わりです。

ですから、医療について学び続けて治してまた学んでの繰り返しです。患者を救うことだけでなく、どれだけ人間として患者と向き合えるかが大事だと思っています。

Vol.36

半歩先の大学の未来とは？

半歩先の大学の未来を見逃さず、地域社会と一緒に「群馬県力」を付ける学びの場を広げていく、それが共愛学園前橋国際大学の「学生中心主義」の教育。分け隔てのないフラットな「スタッフ会議」でスピーディーに課題解決していくシステムで、これからも進化し続ける同大学の現状と未来について語る。

共愛学園前橋国際大学
HP[https://www.kyoai.ac.jp]
大森《おおもり》　昭生《あきお》氏

プロフィール

宮城県仙台市出身。1994年に共愛学園短期大学着任。国際社会学部長、副学長などを経て2016年から学長。文部科学省中央教育審議会専門委員などを務め、常に半歩先の大学の未来を見つめる。全国の学長が選ぶ、注目する学長ランキング３位（『大学ランキング2019』）

■フラットなシステムでスピーディーな対応

柴崎　共愛学園前橋国際大学は「大学らしくない大学」だという話をよく聞くのですが、どういうところがそうなのでしょう？

大森　そうですね、ガバナンス（統治のあらゆるプロセス）が大学らしくないのでしょうね。私も含めて教授・講師・職員など全員で学生を見る体制になっています。また、教授会ではなく全員参加の教職員・事務職員（スタッフ）会議が一番大事であり、そこで大学の方向性を決めています。

柴崎　いわゆるフラットな組織で、日々情報交換して学生対応しているということですね。

大森　小さい大学だから可能なのでしょうね。スタッフ会議で大学が進むべき方向性を教職員全員で共有し、それに則って、教職協働のセンターやテーマ別のワーキンググループといった現場が日々の運営を担っていく。こうすることで、新しいことに取り組んで実現するスピードは実に速いですね。

柴崎　地域と連携した授業があるということですが、どんな勉強をしているのですか？

大森　地元企業との商品開発や子どもたちの学びの支援、街中の活性化プロジェクトなど、数え切れないほど実践的な学びのプログラムがあります。

■グローカルな人材を地域社会と一緒に育てたい

柴崎　先生には何か「こういう学生になってほしい」という理想像みたいなものがあるのですか？

大森　グローバル時代ですが、私たちは「グローカルな人材育成」を目指したいと思っています。国際的な視野を持ちつつ、自分たちが住む地域で活躍できる人材です。今、私たちが住む群馬県でも産業グローバル化も生活のグローバル化も進んでいます。地方こそグローバル人材が必要なのです。本学の学生の約85％が群馬県出身です。学生の海外経験率は全国2位（２０１７年）です。そして、地元就職率は例年70～80％です。地域の中で成長し、グローバル力を身に付け、その力を地域に還元しているのです。

■学生が主体性をもって課題解決に取り組む

柴崎　全国の学長が選ぶ「大学ランキング」で、教育で評価する大学全国5位と高い評価を受けていらっしゃいますね。

大森　大変恐縮であり光栄に思います。これは教職員の努力だけでなく、学生たちが主体性をもって実践的な新しい学びに取り組んだ結果でもあると私は考えます。

柴崎　うすい学園から前橋国際大学に入学した生徒に聞いたら、「半年近く大学から外に出て勉強している」ということですが、それはどういうことなのでしょうか？

大森　サービスラーニングタームという、半年間大学に通う代わりに地域の中で学ぶ制度をつくりました。この制度を利用する授業として「長期インターンシップ」があります。4カ月間、行政や民間企業でインターンとして働きます。また、山間地域の限界集落に通ったり、泊まったり

しながら、その地域のお年寄りの「孫」になるプロジェクトなども授業として展開しています。学ぶこと、働くこと、そして生きることを、地域を軸としてつなぐ取り組みです。

柴崎　つまり教室でも学び、キャンパスの外でも学ぶ……。学ぶ場が広がるということですね。大学が育てるだけではなく、地域の皆さんに育ててもらう新しい仕組みといえますね。

大森　そうです。全国の大学の学長先生たちが評価して下さるのは、まさにこうした取り組みだと思いますが、これは本学独特のプログラムなのです。皆さん「やってみたい」とおっしゃいますが……。

■気が付いたらやっていた「アクティブラーニング」

柴崎　それが「これからの大学のあり方」なのですね。先取りしているのはすごいなあ……。群馬県人として誇れますね（笑）。

大森　教室の中でも主体的、協働的に学ぶアクティブラーニングが盛んです。しかも、どの先生もすでにアクティブラーニング的な指導を行っていたのです（笑）。
柴崎　えっ？　どういうことですか？
大森　講義だけではなく、どうやって学生たちを引きつけて独自に考えさせることができるのか？　授業アンケートの共有や議論をして改善していった結果、自然とアクティブラーニングで授業を行っていたのです。
柴崎　ふつうは自分のクラスの授業アンケートは他の先生に見せたくないものですよね？
大森　先生それぞれが、いま指導している学生に合った学びをするために授業を見直したいという願望があったからでしょうね。

■幸せな人生を歩むために力をつける大学でありたい

柴崎　時代を先取りしているからこそですね。
大森　学生たちも、大学づくりのパートナーです。冷房のスイッチの横にシロクマの絵を学生が貼るとか、学生に予算を預けてクラブ棟を建ててもらうとか、英語の得意な学生が苦手な学生に教えたり、先輩が後輩のレポートライティングを指導したり、オープンキャンパスも学生主導で行っています。

柴崎　教職員だけでなく学生も大学づくりというか改善に参加しているわけですね。

大森　地域の皆さんにも共愛学園前橋国際大学というコミュニティーに参加していただいています。短期大学から4年制大学に移行するに当たり、私たちは自問自答して、これからの大学がどうあるべきか、小さな大学としての仕組みはどうすべきか、その議論を経て「学生中心主義」や「スタッフ会議」などが生まれたのです。また、大学でできないことが山のようにあることに気付き、地域の中で学生の学びを実践し、地域の中で育ててもらう仕組みもつくりました。ある程度地域社会に学生を委ねると、案ずるより産むが易し、学生が自発的に地域社会に溶け込んで学ぶべきことを見つけてくれるのです。

柴崎　地域から学生を預かって、一緒に育てて、また地域にお返しをしていくということですね。

大森　学生が幸せな人生を歩む力をつけるために今の高等教育の新しい学びのモデルとして進化していきたいです。それが「群馬県力」を伸ばす取り組みにつながります。10年後はまた違うのかもしれませんが、常に半歩先の大学の未来を見ていきたいと思います。

Vol.37

蚕で狙うは〝蚕業革命〟！

時代に取り残されつつあった養蚕が、富岡製糸場が世界遺産になったことで変化。養蚕に携わりたい人も増えた。群馬県だけの宝、遺伝子組換えで世界にオンリーワンの生糸が誕生。素材の革命に携わる喜びは大きい。前橋市にある群馬県の研究施設に勤める須関浩文氏は５０００年の歴史ある蚕の新たな可能性に挑んでいる。

群馬県蚕糸技術センター

HP[http://www.pref.gunma.jp/07/p14710007.html]

須関《すせき》　浩文《ひろふみ》氏

プロフィール

群馬県中之条町の養蚕農家に生まれた。前橋市の群馬県蚕糸技術センター所長。父親が養蚕をしており、若い頃から興味を持っていた。「養蚕業をなくしたくない」という強い思いを持ち、高齢化が進む養蚕農家の継承や蚕糸技術の向上に日々努めている。遺伝子組換え技術によるイノベーションと、新しい産業の創出に意欲を燃やす。

■父親が養蚕農家

柴崎　須関さんが、蚕糸関係に進まれるきっかけは何だったのですか？
須関　私の実家で養蚕をやっていまして、その方面の大学を卒業しました。紆余曲折ありましたが、蚕糸技術センターで働くことになり、今はもう離れることが考えられません（笑）。
　養蚕が時代から取り残されるのを防ぎたい、外国からの輸入で国産の生糸が廃れてほしくないという強い思いでここまできています。
柴崎　養蚕は蚕だけでなく桑畑も必要ですよね？
須関　そうです。群馬県の里山は養蚕農家が原風景でしたが、桑畑も激減しているのです。それをなんとか再生させようと思っています。

■遺伝子組換え技術の開発で突破口?!

柴崎　どんな再生プランなのですか？
須関　これまでもオリジナル品種の開発・改良とブランド化に取り組んできましたが、農業分野の中でもこの動きは意外と早かったと思います。群馬ならではという感じでした。
柴崎　群馬の生糸は他県のものや海外のものとどう違うのですか？
須関　２０００年に遺伝子組換え技術が国で開発されたのです。群馬の養蚕を救うのはこれだと私は思いました。蚕自体が一般の蚕と違うので、生糸そのものの付加価値が高いものになりました。ここで差別化ができたわけです。

柴崎　まさに特産品になっていったわけですね。

須関　はい、品質とオリジナル性の高さで世界オンリーワンのシルクが生まれました。クラゲの緑色の蛍光タンパクを使うことで、緑色に光るシルクという唯一無二の素材革命が起きたのです。

柴崎　下村脩先生がノーベル化学賞を受賞した緑色蛍光タンパク質ですね。

須関　ＤＮＡレベルのものなので法律の規制などもありましたが、一歩ずつ近づいてようやく実用化されたのです。大量飼育のデータから安全性が確認され、農家でも飼育可能なレベルになっています。

柴崎　これはデザイナーなどが興味を持つでしょう。とにかくオリジナルですから。

須関　そうですね。次第に使われるようになってきましたが、もっと扱いやすくしたいと思っています。自ら発光するわけではないこと、熱に弱く、タンパクが変質するという課題もあります。

■蚕は５０００年の歴史があるが……

柴崎　蚕の歴史ってどれくらいあるのですか？

須関　５０００年といわれています。日本には弥生時代に伝わったようです。蚕と同様の因子を持ったクワコ（野生のカイコガ）と近縁なのですが、蚕そのものは探しても自然界にはもういないのです。食物連鎖から切り離された生き物で、自らエサのある桑畑まで歩くことも飛ぶこともできない究極の家畜。ヒトの手がなくては生きられません。

柴崎　まさに蚕は人類の財産を受け継いでいるという感じですね。絶対に廃れさせたくない。

■養蚕は画期的に変わる可能性もある

柴崎　養蚕の市場性はどうなのでしょうか？

須関　遺伝子組換え技術の開発によって、新たな方向性として、その研究が大きな市場を生むといわれています。収益性が上がらない状況が当たり前と思われている群馬の養蚕農家が、もしかすると経営の安定した養蚕農家に画期的に変わるのです。

柴崎　それはすごい！　歴史的に古い養蚕が最先端の研究と連携して全く新しい産業に生まれ変わるわけですね。

須関　繊維関係だけでなく、医薬品や診断薬の開発も進むかもしれません。

柴崎　蚕はバイオ素材を生産するのに扱いやすいのですか？

須関　飛んで逃げることも、人に危害を加えることもないので扱いやすいです。蚕の絹タンパク生産能力を利用すること

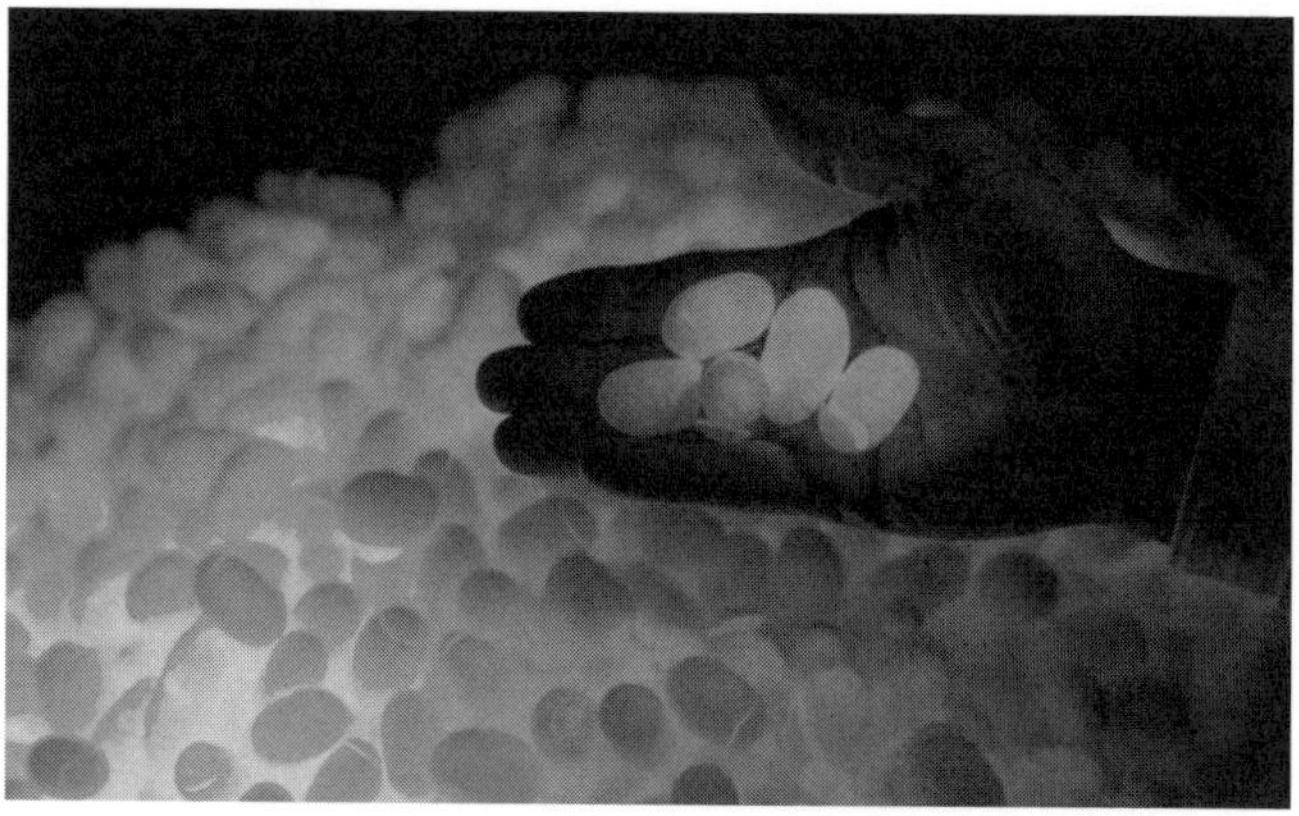

で医薬品原料となるタンパク質がつくれます。群馬県蚕糸技術センターの高い飼育技術レベルと指導で、バイオ産業の将来性が大いにあるということになります。まだわずかな企業しか取り組んでいませんが、これから広がってほしいですね。
柴崎　遺伝子組換えの蚕で群馬養蚕の産業革命みたいなものが起きるわけですね。
須関　富岡製糸場が世界遺産になったことで、人材的には厚みが増しています。これまで斜陽産業といわれてきたので、なかなか若い人が入ってこなかったのですが、少しずつ注目されてきたので、なんとか若い人材を育成したいと思っています。

■養蚕農家はピーク時の800分の1以下

柴崎　群馬の大学で研究したら他県から学生がどっと来るかもしれません。養蚕について学びたいとか
須関　そうなってほしいですね。ここ数年養蚕農家をやりたい人も少しずつですが増えてきています。
柴崎　今はまだ養蚕農家の収益性は低いのですか？

須関　補助金で何とか継続しているという感じです。ただこの勢いを止めないようにすれば、近い将来有望な仕事になっていきます。ポイントは産業として広がって、商品の販路が開かれていくかどうかですね。
柴崎　養蚕農家は最盛期のどれくらいまで減っているのですか?
須関　昭和33年に群馬県には8万4470戸の養蚕農家がありましたが、現在110戸ほどです。
柴崎　そんなに減ったのですか!
須関　群馬大学に遺伝子組換えカイコを利用した創薬について研究している研究者がいますが、共同研究を進めて、企業も巻き込んで、いわゆる産学官連携みたいな形にできたらいいなと思っています。一番良いのは企業の参入なのです。
柴崎　資金的なものが違いますからね。資金があって研究開発して商品化して販路を広げるという流れですね。
須関　妄想は毎晩広がるのですが(笑)……。課題は山積み状態ですね。でも、これからも頑張ります。

Vol.38

国内唯一の機関としての誇り

堺氏は、日本蛇族学術研究所で、日々医療機関や一般の人からの問い合わせに対応したり、研修会、イベントなどを行っている。身近な危険生物について、われわれはもっと知識をもたなければならない。

日本蛇族学術研究所

HP[http://www.sunfield.ne.jp/~snake-c/]

堺《さかい》　淳《あつし》氏

プロフィール

医科学修士。群馬県太田市にある日本蛇族学術研究所の主任研究員。1979年、島根大学文理学部理学科生物学卒。1986年、筑波大学医学研究科卒。1993年、国内で初めてヤマカガシ毒及び咬傷に関する研究を行い、抗毒素の試作とその効果の検証を行った。その他、マムシ咬傷の病因の研究などがある。

■日本で唯一の研究機関

柴崎　堺さんはどちらのご出身で、どういった経緯でこちらにいらっしゃったのですか？

堺　京都出身です。大学で行動学や生物学などを学んで、ヘビの行動学的研究に興味をもって、この研究所に来ました。

柴崎　こちらの研究所は日本で唯一のヘビの研究機関でもあるのですね。どんなことをされているのですか？

堺　ヘビ毒の人への作用の研究と血清による治療実験、そしてスネークセンターに展示する毒ヘビの飼育などです。ヘビ毒には何十種類もの神経毒や心臓に作用する毒などが入っており、複雑な症状を起こすのですが、なかなか研究が進んでいません。

柴崎　ヤマカガシの血清をつくっている唯一の機関だとも聞きました。

堺　約30年前に中学生が噛まれて亡くなって、その両親からの研究費の寄付もあり、抗毒素の試作が始まりました。それまではヤマカガシが毒ヘビであることを知らない人がほとんどでした。

■毒ヘビの対処法

柴崎　堺さんの仕事について教えてください。

堺　毒ヘビの飼育や展示、ハブの採毒実演などのイベントの他に毒蛇咬傷対策の研修会などを行い、さらに一般市民からだけでなく医療機関からの問い合わせにも対応しています。

柴崎　動物園でもたまに事故がありますよね。

堺　ありますね。コブラに噛まれて呼吸停止とか……、慣れてきて扱いが雑になると危険なのです。毒ヘビは数も多く、世界には１０００種類以上の毒ヘビがいます。

柴崎　治療のために血清などを使うわけですか？

堺　私たちは研究が主でして、ヤマカガシの試作品の血清などはつくりましたが、血清そのものはメーカーが厳しい基準のもとに医療品としてつくります。

柴崎　血清で助かる人がかなりいるのでしょうか？

堺　30年ほど前に中学生がヤマカガシに咬まれて亡くなり、その両親から１００万円の寄付をいただき、ヤマカガシ抗毒素血清を試作しました。この抗毒素は11例の重症患者で使用し、顕著な治療効果を示しました。その後、研究班ができ、厚生省科学研究費の補助金により新たにヤマカガシ抗毒素を試作し、９例の重症患者で使用しました。マムシ咬傷に比べれば事故はかなり少ないのですが、ヤマカガシ毒は強く、現在までに死亡例が４例、数十の重症例が起きていて、抗毒素がなければ死亡する危険性が高くなります。２０１７年には重症例が２件発生していて、しかも、いずれも10歳の男児でした。このようなまれにしか使わない医薬品は採算が合わないため製薬会社ではつくりませんので、研究班で試作したわけです。

■虫さされと勘違いする医者もいる

柴崎　全国から問い合わせがあると聞きました。

堺　はい。医療機関だけでなく、一般の方から噛まれたけれどもどうしたらよいのかという問い合わせもあります。噛まれた傷が小さくてヘビかどうかも分かりにくいのです。夜に何かにチクリと噛まれて、針の穴のような跡が一つか二つ付いている、なんてときは医者でも虫刺されと勘違いしてしまうことがあります。

柴崎　診断が難しいからこそ適切で迅速な処置が必要ということですね。

堺　子どもなんかはヘビだと分かっていても手を出して噛まれてしまうこともあります。ヘビは身近にいる有毒生物で、ハチに次いで死ぬ人の多い危険生物なのです。

■夏の夜はヘビにご用心

柴崎　若い人はヘビの研究に興味があるのでしょうか？

堺　ヘビの研究をしているところは非常に少なく、ここといくつかの大学しかありません。

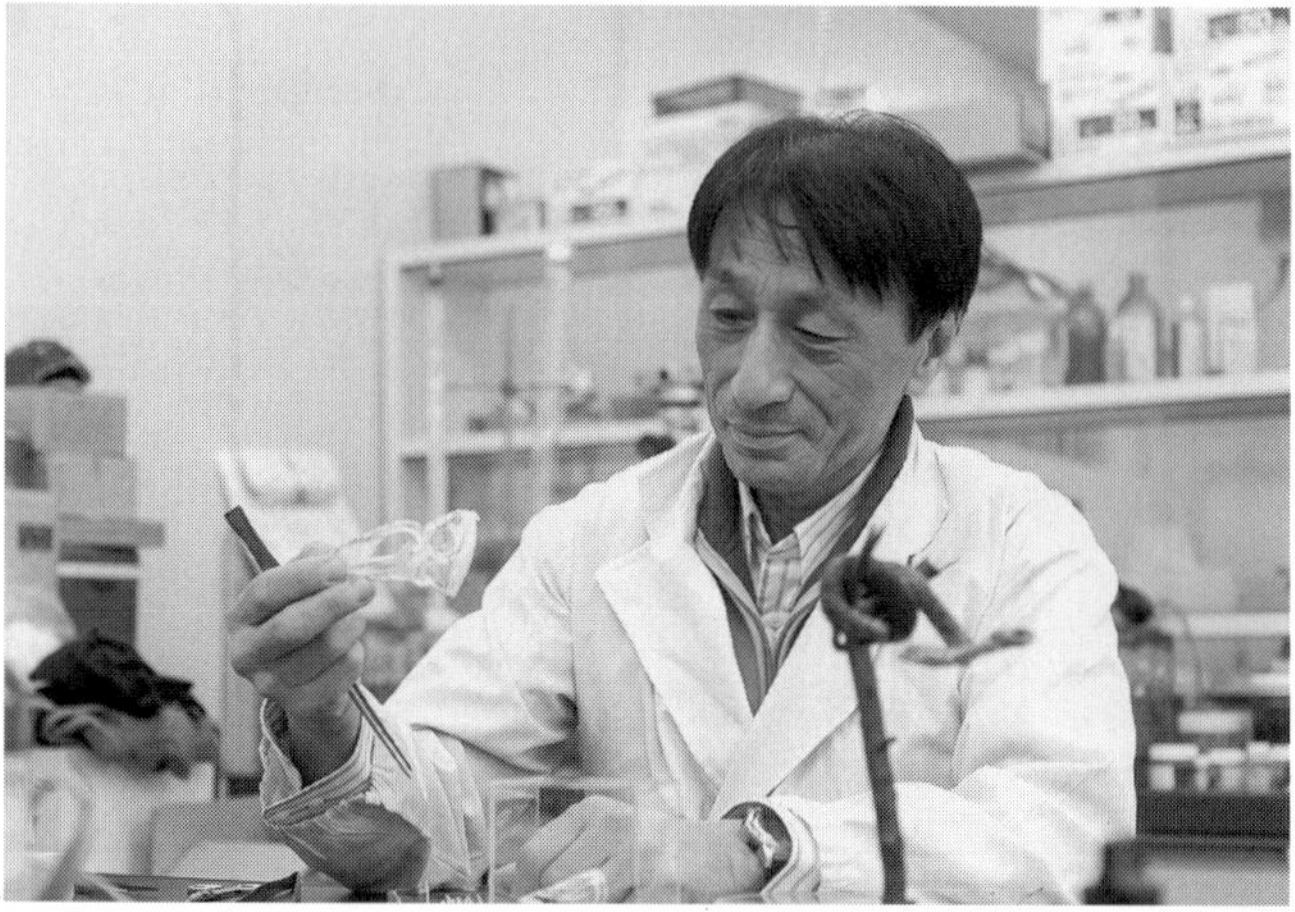

柴崎　この仕事のやりがいというのはどんなところですか？

堺　自分が行ってきたヤマカガシの研究成果が役立つことですね。また、年間500件ほどの電話とメールによる問い合わせが医療機関や一般の方からありますから、この施設の存在感を強く感じます。ヘビは街中ではほとんど見かけませんが、郊外や農村地帯ではまだまだ身近な生き物です。

柴崎　あとはペットのニシキヘビとかイグアナが逃げ出したとかいう話はたまにありますね。

堺　警察に通報があるのですが、逃げ出したものよりも捨てたものの方が多いのでしょうね。警察が捕獲押収したヘビはこちらで受け入れています。

■ヘビに対する正しい知識をたくさんの人に知ってほしい

柴崎　今後どのようにしていきたいですか？

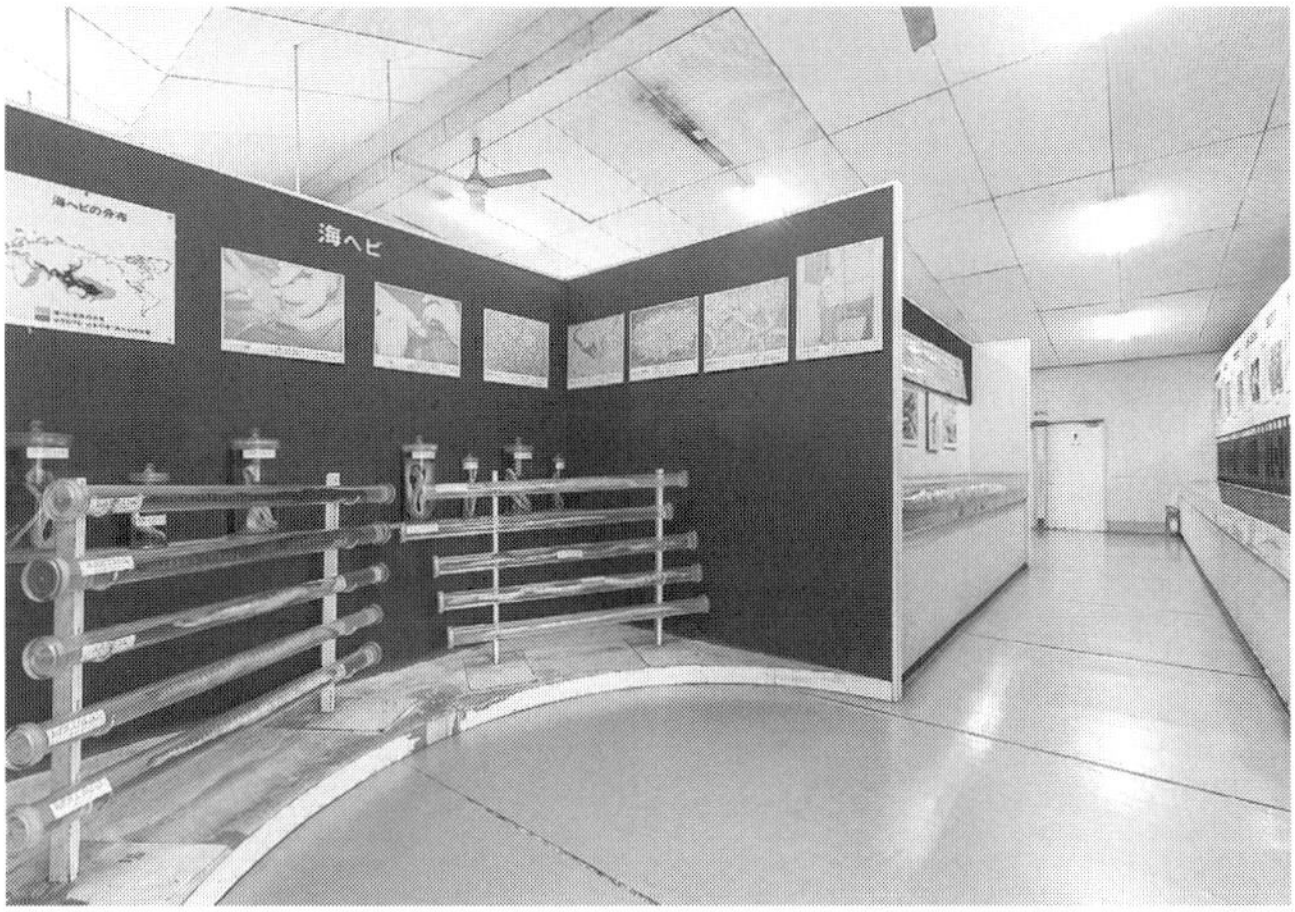

堺　ヘビは一般の方には嫌われ者ですが、正しい知識と興味をもっとたくさんの方にもってもらいたいので、研修会や触れ合いイベントなどを今後も続けていきたいですね。動物園で毒ヘビを展示しているところは少ないのですが、うちでは他で見られない多くの毒ヘビを展示しているので、ぜひ見に来てほしいです。

柴崎　ヘビの研究で一番大変なことは何ですか？

堺　このようなマイナーな研究は研究費の確保が大変です。また、このような施設は研究をしているだけでは食べていけません。大学院を出ても就職先がないですし、行くところは限られます。いろいろと大変ですが、この施設がなくなると困る方がいることは確かです。

柴崎　ぜひ、この施設がなくならないように頑張っていただきたいと思います。ありがとうございました。

あとがき

ラジオの教育相談を毎週、四六九回（九年間）続け、それをまとめた本も二冊、出させてもらった。収録は楽しかったし、リスナーからのいろんな質問に答えるために、ない知恵をしぼって毎回収録に通った。四〇〇回を過ぎると、収録中にふと「この答え、前も話したな」と思うことが何度かあった。私の中の答えの種が尽きてきたのだった。

そんな時、あるタウン誌から毎月いろんな人にインタビューしてみないかというお話をいただいた。最初はちょっと躊躇したが、もともと交際範囲の広くない私にとっていいチャンスなのではないかと思い、お話を引き受けた。そして、どうせなら、これからがんばろうとしている若い人の力になれるような内容にしたいと思った。

最初は雑誌だけの取材だったが、相手に恵まれ、あまりにも内容が豊富で面白く、限られた誌面では収まらないので、一カ月分のラジオ収録を同時に行うという今の形になった。

私は仕事をしていく上でいつも気を付けていることがある。「他との差別化」「社会にどう役立つか」「人の育成」、この三つである。質問もそこに集中することが多かったと思う。

読み返してみて、こんな答えづらい問いに真剣に自分の言葉で答えてくれた人たちに、感謝しかない。

最後に、この対談のきっかけを与えてくれた、パリッシュ出版の土屋和子さん、フリモの武さん、生方さん。何度も現地を訪ねて写真を撮ってくれた森下さん。エフエム群馬の羽鳥さん、橋本さん。上毛新聞出版部の富澤さん。対談を文字にし、整えてくれた山手ベイサイドオフィスの千葉誠一さんに、この誌面を借りて感謝したいと思う。

令和二年二月十五日

株式会社うすい　代表取締役　柴崎　龍吾

ラジオ&トーク職業人インタビュー
群馬のパイオニアVS柴崎龍吾
―次世代で輝くための対談集―

令和二年五月三〇日　初版第1刷り発行

株式会社うすい　編

発行　上毛新聞社事業局出版部
〒371―8666　前橋市古市町1―50―21
TEL　027―254―9966
FAX　027―254―9906